O RENASCER
DE UMA
MULHER

ORGANIZAÇÃO:
MARIA EUGÊNIA PERES

O RENASCER DE UMA MULHER

MULHERES EMPREENDEDORAS
E SUAS HISTÓRIAS

‹ns

SÃO PAULO, 2024

O renascer de uma mulher – mulheres empreendedoras e suas histórias
Copyright © 2024 by Maria Eugênia Peres
Copyright © 2024 by Novo Século Ltda.

Editor: Luiz Vasconcelos
Coordenação editorial: Silvia Segóvia
Preparação: Adriana Bernardino
Revisão: Debora Capella
Diagramação: Manoela Dourado
Capa: Debora Bianchi
Imagem de capa: ©NFNArts/Shutterstock

Texto de acordo com as normas do Novo Acordo Ortográfico da Língua Portuguesa (1990), em vigor desde 1º de janeiro de 2009.

Dados Internacionais de Catalogação na Publicação (CIP)
Angélica Ilacqua CRB-8/7057

O renascer de uma mulher : mulheres empreendedoras e suas histórias / organização de Maria Eugênia Peres. –– São Paulo : Novo Século, 2024.
240 p.

ISBN 978-65-5561-713-9

1. Empreendedorismo 2. Mulheres I. Peres, Maria Eugênia

24-0299   CDD 658.4012

Alameda Araguaia, 2190 – Bloco A – 11º andar – Conjunto 1111
CEP 06455-000 – Alphaville Industrial, Barueri – SP – Brasil
Tel.: (11) 3699-7107 | E-mail: faleconosco@gruponovoseculo.com.br
www.gruponovoseculo.com.br

Somos gratas por todas as pessoas presentes em nossas vidas. Nossos familiares, nossos amigos. Sem vocês, nada seríamos.

Agradecimentos especiais a nossos leitores beta

Ana Paula Gallello – Diego Machado
Bruna Camila Gonçalves – Stephanie Rodrigues
Cristina Martins – André Franco
Grazziela Borba – Beatriz Borba e Adriane Maragno
Herminia Vasconcelos – Thays Pretti
Maria Eugênia Peres – Tatiana Prado Pinheiro Martins
Odilia da Silva Dossi – Miguel Fernando
Patrícia Antonio D'ornelas – Ághata Angélica

SUMÁRIO

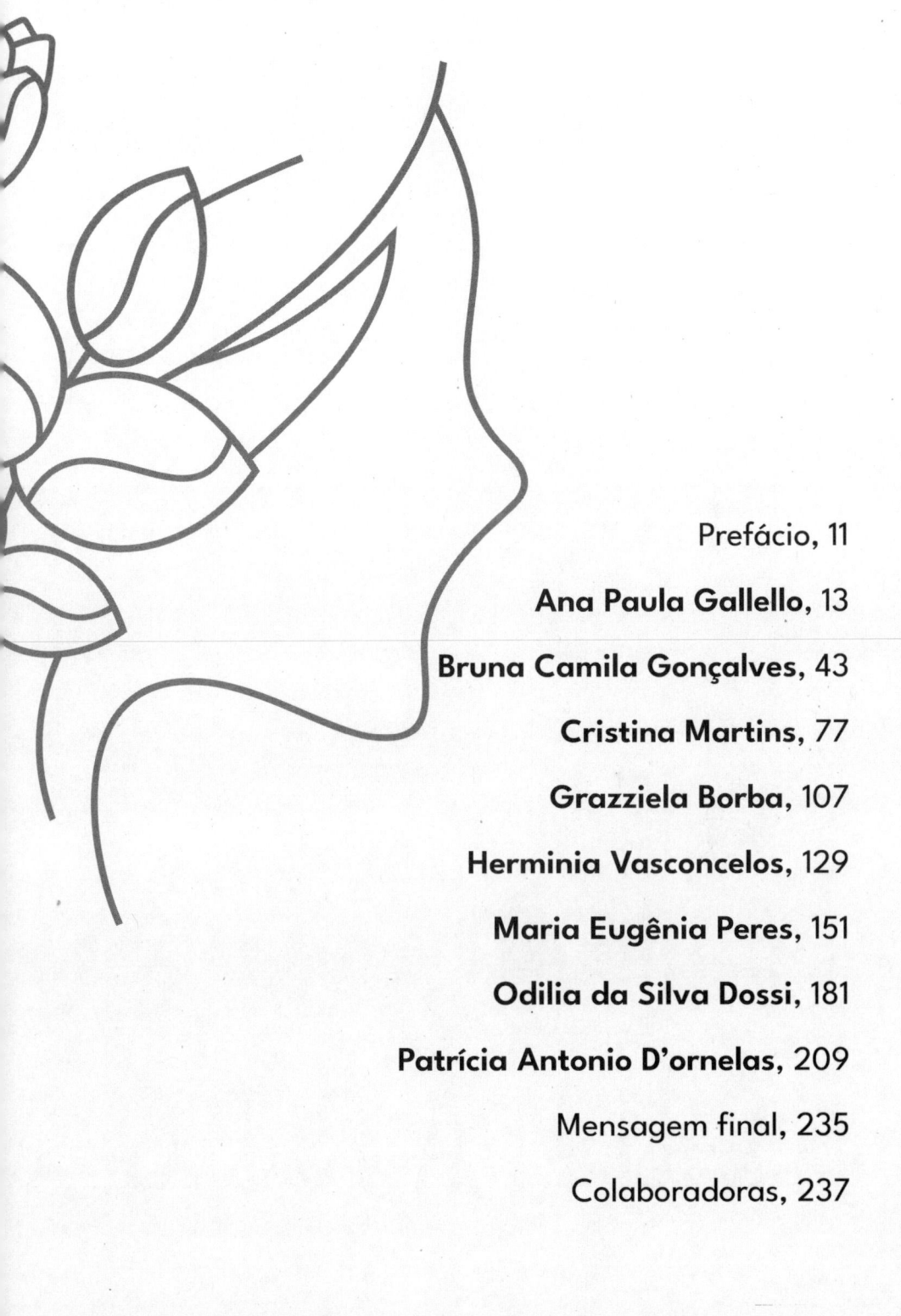

Prefácio, 11

Ana Paula Gallello, 13

Bruna Camila Gonçalves, 43

Cristina Martins, 77

Grazziela Borba, 107

Herminia Vasconcelos, 129

Maria Eugênia Peres, 151

Odilia da Silva Dossi, 181

Patrícia Antonio D'ornelas, 209

Mensagem final, 235

Colaboradoras, 237

PREFÁCIO

Quantas vezes você chorou sozinha? Quantas vezes quis desistir de tudo? Quantas vezes você buscou um ombro amigo, mas não encontrou? Quantas vezes você se sacrificou pela sua família? Quantas vezes você recomeçou, mesmo quando achava que não tinha mais forças?

A jornada da vida e do empreendedorismo é complexa, dinâmica e muito desafiadora. Uma busca de equilíbrio entre os bons e os maus momentos. Muitas vezes, eu me pergunto: o que faz pessoas de sucesso conseguirem lidar com tantos altos e baixos?

Atribuo o sucesso a dois fatores: *mindset de crescimento*, isto é, a compreensão de que inteligência e habilidades, ao contrário dos talentos inatos engessados (*mindset fixo*), podem ser desenvolvidas e aprimoradas; e *habilidade de se reinventar*, a capacidade de renascer como a aurora ao amanhecer. Afinal, já dizia Martin Luther King: "Mesmo as noites totalmente sem estrelas podem anunciar a aurora de uma grande realização".

Sei que você tem e teve seus desafios: a infância ou a adolescência, a perda de um ente querido, o início da vida adulta, um casamento difícil, violência, fome ou, talvez, você esteja neste exato momento passando pelo período mais desafiador da sua vida. Prepare-se para conhecer histórias inspiradoras de mulheres fortes e resilientes, das mais diferentes etnias e credos, mas que têm algo em comum: o amanhecer.

O renascer de uma mulher conta a história de oito mulheres de sucesso que, por meio do empreendedorismo, renasceram. Com o grupo de mulheres

AuroraS, elas encontraram conforto e ombro amigo na sua jornada; não mais precisam chorar sozinhas. Você vai se encantar com histórias de muita superação, dificuldades e perdas. Vai encontrar crenças limitantes e, muitas vezes, vai se emocionar ao se identificar com esses acontecimentos.

No início de cada capítulo, há uma carta da autora à sua versão criança. Ah! Como foi lindo ler essas mensagens e como isso me fez voltar ao meu passado, aos desafios e às dificuldades que vivi durante a minha infância. Uma experiência incrível que recomendo que você faça ao fim da sua leitura: escreva uma carta para você, criança!

Costumo dizer que empreender e ser dono do próprio negócio não é uma ocupação, mas sim uma filosofia de vida responsável por transformar a vida de milhares de pessoas. Muitas mulheres encontraram, em seu negócio, a grande realização; algumas, a libertação do ciclo de violência doméstica; já outras realizaram seu sonho de infância ou encontraram uma forma de levar o sustento para seus lares. O mais gratificante é ver o apoio que encontramos umas nas outras, independentemente do processo individual de cada uma.

Muito se fala de empoderamento feminino e da necessidade de empoderarmos umas às outras, o que, na minha concepção, não é possível porque ninguém pode "passar o poder" a outra pessoa. O que nós podemos fazer é inspirar umas às outras. Este livro é sobre isso.

Espero que este livro inspire você tanto quanto me inspirou. E que, ao terminar a leitura, tenha a certeza de que, mesmo diante de tantos altos e baixos na sua vida, você está exatamente onde deveria. Não importa quanto desafiador seja o que você está passando, lembre-se sempre de que amanhã é um novo dia e em todos os dias há uma nova aurora ao amanhecer.

MAJORIE CATHERINE CAPDEBOSCQ
Apresentadora de TV e empresária.

Ana Paula Gallello

Eu com 4 anos, na vila onde minha avó Nathalia morava, 1989.

CARTA PARA A CRIANÇA
Ana Paula

Oi, princesa, como você está? Cheia de laços e sonhos, sonhando com sua vida de mulher igual à das princesas da Disney? Será que seremos a Branca de Neve, a Bela Adormecida ou a Cinderela?

Princesa, nós nos tornamos a princesa da vida real. Aquela que nunca deixa de sonhar, nunca deixa de ver o copo meio cheio. Você se tornou uma mulher que não tem tanto medo do novo. Uma mulher que, com seu jeito carinhoso e gentil, está conseguindo trazer coisas boas para muitas pessoas.

A nossa vida não foi só alegria, né, pequena? Perdemos o papai tão cedo, nosso herói. Lembra quando a gente não sentava direito na mesa, e ele falava que a gente não iria casar? Fica tranquila que nos casamos, tá? Sim, com um homem maravilhoso! Um homem que vai nos ensinar que somos lindas, independentemente da forma física, e que vai nos amar como os príncipes amam suas princesas. Vamos nos decepcionar com algumas pessoas e aprender a sair da nossa zona de conforto. Mas vamos conhecer pessoas que serão nossos anjos da guarda. Quando você chegar à minha idade, vai olhar para trás e falar: "Caramba, acho que eu consegui!".

Ah, nós temos o nosso castelo. Não é tão grande como você imaginava, mas é tão aconchegante, tão seguro. Temos uma cachorrinha linda e uma gata. Sim, mais para a frente você vai virar a louca das gatas e com rinite (risos).

Você é mais forte do que você pensa e ainda vai conquistar o mundo! Mas sem deixar de acreditar nos contos de fadas, pois eles existem para quem busca e acredita.

Obrigada por cada laço, cada sonho e por não se perder dentro de mim. Hoje, com 37 anos, te vejo junto de mim; e nós duas, meu bem, vamos ganhar o mundo.

Um beijo da princesa Ana Paula de Neve.

Me chamo Ana Paula. Nasci na cidade de São Paulo, em novembro de 1985, em uma família rodeada de amor e carinho. Tenho uma irmã, a Daniele, que está morando na Holanda desde janeiro de 2023. Ela foi em busca de uma qualidade de vida melhor.

Minha infância foi tranquila. Meus pais não tinham muitas condições financeiras, mas sempre se esforçaram para dar a mim e à minha irmã tudo que necessitávamos. Como eles trabalhavam o dia todo, nós duas, ao retornarmos da escola, íamos para a casa da minha avó materna, Nathalia. Era ela quem cuidava da gente, com todas as mordomias que a casa de avó tem: a comida preferida, o doce depois do almoço. E como passávamos mais tempo na casa da minha avó do que na nossa, minhas amigas do colégio tinham o telefone da casa dela, e não o nosso. Sempre fui muito apegada ao meu pai. Sabe a princesa do papai? Era eu. Tínhamos personalidades muito parecidas, duas manteigas derretidas, apaixonadas por Coca-Cola e música.

Estudei dos 4 aos 14 anos em um colégio chamado Agostiniano Mendel, onde fiz grandes amigos e de onde trago as melhores memórias de infância. Porém era um colégio bem rígido, no qual havia muita pressão para que fôssemos os melhores em tudo; e eu sou aquele tipo de pessoa que não funciona sob pressão. Quando cheguei à oitava série, essa pressão começou a me fazer muito mal. Eu não me sentia bem ao realizar as provas, acordava de madrugada, achando que estava atrasada, e as notas não estavam boas. Então, meus pais decidiram que era a hora de eu mudar de escola.

Lembro-me, como se fosse hoje, do meu último dia de aula no Mendel. Chorei muito na hora da despedida, pois cresci dentro daquela escola. Conhecia desde a tia do banheiro até o diretor. Minha irmã estudava lá, então foi difícil mudar. Mas eu sabia que era preciso, pois não tinha paz e me sentia inferior aos meus amigos. Sentia-me "burra". Sempre tive a autoestima baixa, e essa sensação contribuía para isso.

Na nova escola, em que alguns alunos haviam feito a mesma mudança que eu alguns anos antes e já estavam mais enturmados, o ensino era mais leve, então minhas notas melhoraram muito. Porém não sei se era a idade ou uma resistência minha, mas não fiz amigos lá. Sentia dificuldade em me relacionar com uma turma diferente de mim. As amizades do colégio antigo continuaram. Na época, nós nos comunicávamos por carta, e a minha irmã era o pombo-correio. Foram três anos desafiadores, pois sentia falta daquela escola que eu conhecia tão bem. Hoje percebo que foi a primeira vez que saí da minha zona de conforto e, por não ter maturidade suficiente, não foi fácil. Terminei o colégio sem amigos e, logo em seguida, passei no vestibular para Fisioterapia.

Quando eu tinha 17 anos, meu pai perdeu o único emprego que teve na vida. Ele havia ingressado na empresa aos 15 anos, como office boy, e foi demitido aos 45, como gerente de compras. Lembro-me do momento em que me contou sobre sua demissão. Meu coração gelou, pois não sabíamos o que aconteceria dali em diante.

Vou abrir um pequeno parêntese para contar que, quinze anos antes, meu avô, pai do meu pai, havia falecido de câncer de fígado. Por conta dessa perda, minha avó entrou em depressão profunda, falecendo cinco anos depois. Após dois anos, minha tia, única irmã do meu pai, faleceu do mesmo câncer. Enfim, somando-se essas perdas à sua demissão, meu pai desenvolveu depressão, e esse foi um dos momentos mais difíceis da minha vida.

Com 18 anos entrei na faculdade de Fisioterapia, em São Paulo. Escolhi essa profissão por conta da minha avó, que, em 1994, teve de passar por uma cirurgia de emergência e ficou sessenta dias internada, sendo vinte e três deles na UTI. Quando teve alta, havia perdido todos os movimentos do corpo. Uma fisioterapeuta ia em sua casa para reabilitá-la. Ela faleceu com 90 anos e realizando todas as suas atividades de forma independente.

A faculdade em que fui aprovada, a UNICID, era particular. Como meu pai estava desempregado e contávamos apenas com o salário da minha mãe, as coisas apertaram lá em casa. Eu sentia que precisava fazer algo para ajudar minha família, porém a faculdade era em período integral, o que dificultava a procura por um emprego. Dessa forma, minha mãe me ajudou a conseguir trabalho em um *buffet* infantil nos fins de semana. Lembro-me do momento em que contei, feliz da vida, para o meu pai sobre o meu novo emprego. Estava feliz por poder ajudar, mas, para ele, foi um balde de água fria. Em sua cabeça adoecida, ele se sentia falhando como pai, pois "sua filha iria trabalhar servindo os outros porque ele era incapaz de sustentar a família".

Foram quatro anos trabalhando nesse *buffet*, chamado La Corte. Era, preferencialmente, aos fins de semana, porém, se houvesse festa em dias úteis, eu ia também, pois não estava em condição de recusar trabalho. Atuei em todas as funções: recreadora, recepcionista e garçonete. Era graças ao *buffet* que comprava meu material da faculdade e pagava minhas saídas com as amigas.

Meu pai não conseguia se recolocar no mercado de trabalho devido à sua idade, e as coisas apertaram ainda mais em casa. Consegui financiar a faculdade pelo Fies. Minha irmã adolescente também foi trabalhar em um *buffet*, assim como minha mãe, que era professora, mas encarou a dupla jornada. Foram tempos muito difíceis financeiramente. Houve um aniversário em que o único presente que minha mãe pôde me dar foi uma garrafa de dois litros de Coca-Cola.

Se na parte financeira a situação só piorava, eu aprendi uma das lições mais importantes da minha vida: quando estamos ao lado de quem amamos, lutando juntos, temos mais força para superar as dificuldades. Não era fácil ver meu pai cada dia mais triste, minha mãe trabalhando em dois empregos, eu e minha irmã trabalhando nos fins de semana, mas o amor que nos unia nos tornava mais fortes. Era por eles que eu cuidava de cada criança, servia cada mesa e tinha fé que as coisas iriam melhorar.

Em fevereiro de 2007, eu cursava o último ano da faculdade, cheia de esperanças e sonhos, mas não imaginava que esse ano ficaria marcado na minha vida por outro motivo além da formatura. Meu pai, adoecido pela depressão profunda, passou mal em casa e precisou ser hospitalizado com urgência. Lembro-me dele saindo de casa carregado pelos socorristas do Samu, olhando para mim e pedindo para eu guardar seus óculos. Ele passou mal no domingo durante a madrugada. Na terça à noite, fui visitá-lo, pois estava na UTI. No momento da visita, fomos informados pelo médico de que ele havia piorado e fora intubado. Minha mãe não me deixou vê-lo naquele dia. Ao sair do hospital, olhou para mim e minha irmã e disse: "O papai está muito mal, e nós vamos deixá-lo nas mãos de Deus. Se o melhor para ele for ficar aqui, iremos cuidar dele com todo amor, mas se Ele achar que o melhor é levá-lo, vamos aceitar".

Naquela noite, dormimos as três juntas, pedindo para que Deus cuidasse dele. Na quarta pela manhã, recebemos a notícia de que ele não havia resistido. Quando minha mãe me falou que Deus havia escolhido levá-lo, abriu-se um buraco no chão. Eu não podia acreditar que meu herói não iria me ver formada, não iria me ver casar, me tornar a mulher que ele sempre falou que eu seria. Em nenhum momento, questionei Deus ou me revoltei. No fundo, sabia que meu pai estava sofrendo muito e que havia sido melhor assim. Ele era um ser humano incrível. Tinha um coração enorme, um olhar doce; o melhor pai que eu poderia ter.

Fui eu quem deu a notícia para a Daniele. Conforme fui falando, ela foi caindo para trás, chorando. Não imaginávamos que ele iria nos deixar. A Dani não quis ir ao velório nem ao enterro, pois queria lembrar-se do pai vivo. Eu estava lá, nos dois momentos, para dar forças à minha mãe. Ela ficou muito abalada, já que meu pai foi seu primeiro e único namorado, o companheiro de toda a vida.

Eu e meu pai, Gregório, na minha festa de 15 anos, 2000.

Deus levou um anjo para o lado Dele e deixou ao meu lado uma mulher-maravilha para ser meu espelho: Dona Silvana, minha mãe. Durante todo o processo de doença do meu pai, ela me ensinou a batalhar pelo que amamos, não desistir na primeira dificuldade e que, se estivermos unidos, podemos vencer qualquer obstáculo. Ela é a mulher mais incrível que eu conheço; forte e determinada. Como sempre me ensinou, na vida temos que ser a solução, e nunca o problema.

Eu com minha mãe, Silvana, e minha irmã, Daniele, 2017.

No fim de 2007, terminei minha graduação e me formei fisioterapeuta. Em seguida, fiz duas pós-graduações: uma em saúde da mulher, especialidade que nunca exerci, e outra em saúde pública, na qual me realizei.

Meu primeiro emprego foi em uma clínica de neurologia, na qual eu ganhava R$ 2 por atendimento. Sim, você não leu errado, eram R$ 2 por paciente. Nessa época, eu estava terminando minha pós em saúde pública e ainda trabalhava no *buffet*. Minha rotina consistia em passar as manhãs no hospital para a pós-graduação, as tardes na clínica e as noites no *buffet*. Com 21 anos, solteira, estava no momento de me dedicar plenamente à minha carreira.

Com a pós em saúde pública, comecei a buscar oportunidades em postos de saúde. Em São Paulo, os serviços públicos de saúde são administrados por organizações sociais. Isso significa que a verba e as diretrizes provêm do Ministério da Saúde, enquanto a gestão de recursos humanos e a administração são conduzidas por essas organizações. Cada região da cidade é administrada por uma organização. Meu primeiro emprego foi no Santa Marcelina, que administrava postos de saúde no extremo leste de São Paulo. Comecei a trabalhar no bairro Cidade Tiradentes.

Para quem não conhece São Paulo, Cidade Tiradentes é um bairro muito carente, longe do centro e dominado pela criminalidade. Imagine quando a minha mãe soube que era esse o lugar em que eu iria trabalhar! Quase morreu, mas falou que, se era o que eu queria, ela daria o seu apoio.

Eu demorava duas horas para chegar, pois não dirijo e dependia do transporte público. O detalhe é que eu ia no contrafluxo, portanto não pegava trânsito, era somente a distância mesmo. Comecei trabalhando em uma equipe multidisciplinar do Núcleo de Apoio à Saúde da Família (NASF). No primeiro dia em que entrei no posto, tive certeza de que era ali o meu lugar. Não sei colocar em palavras a sensação, mas senti no meu coração que eu estava na hora certa, no local certo.

Foram quatro anos de muito aprendizado. Conheci uma realidade completamente diferente da minha. Visitei casas nas quais a porta era um cobertor, casas de dois cômodos onde morava uma família com oito pessoas. Conheci o outro lado dos locais que aparecem em programas policiais e, certamente, foi um dos empregos em que eu mais tive reconhecimento, aprendi a ouvir meu paciente e a entender que o que importa é a necessidade dele, não a que eu acho que ele tem.

Meu maior desafio nesse trabalho foi assumir a coordenação de um grupo de alongamento para idosos, anteriormente conduzido por outro profissional. Inicialmente, trabalhar com idosos não estava entre os meus objetivos, pois reconhecia ser um público desafiador. Como recém-
-formada, havia o receio de não conseguir atender às necessidades desse

grupo. Lembro-me claramente do primeiro dia: eles me observando, e eu pensando "e agora?".

Então, comecei deixando-os bem à vontade. Pedi que me mostrassem como funcionava o grupo e, aos poucos, fui quebrando a resistência. Trabalhar com idosos é difícil no primeiro momento, pois eles são resistentes a mudanças, principalmente se propostas por um jovem. Mas a postura de chegar devagar e mudar as coisas aos poucos fez com que eu conquistasse o respeito e a aceitação deles. No fim das contas, eles achavam que eu que os ajudava, mas, na verdade, era o contrário. Com eles, aprendi a ser resiliente e a não querer mudar as pessoas de acordo com a minha percepção, mas sim ouvir e, juntos, construir a situação que de fato contribuirá positivamente para a vida da pessoa.

Há momentos em que fazemos escolhas na vida, crendo estar fazendo a coisa certa, mas nos colocamos em verdadeiras ciladas. Minha saída do posto foi assim. Chamaram-me para integrar um programa voltado a atender professores da rede pública. Eu iria ganhar mais, trabalhar com promoção em saúde e conhecer novas pessoas. Porém, por se tratar de outro CNPJ na mesma empresa, precisava desligar-me de uma e ser contratada pela outra. Isso não teria sido um problema se o programa não tivesse sido encerrado dois meses após a minha contratação e eu ter sido demitida em período de experiência. Ou seja, não pude sacar o FGTS dos quatro anos de posto e nem tive direito ao seguro-desemprego. Nesse momento, o chão se abriu. Eu não sabia o que fazer. Havia saído do emprego que eu tanto amava para ir em busca de algo melhor, que não aconteceu. Senti-me culpada, pois foi uma escolha minha mudar de área. Hoje, percebo o quanto eu estava na minha zona de conforto e precisava daquela sacudida.

Haviam me prometido uma vaga no posto, o que nunca aconteceu. E eu estava na rua, desempregada. No início, eu me culpava, pois, se não tivesse mudado de área, ainda estaria no meu emprego seguro. Como no posto eu trabalhava apenas no período da manhã, à tarde eu trabalhava com um cirurgião plástico. Era autônoma, não tinha salário fixo, mas foi o que acabou, por algum tempo, sendo meu único emprego.

No início de 2013, comecei a trabalhar em uma clínica com hidroterapia e pilates, porém logo a clínica fechou e, novamente, estava apenas com um emprego. Quando soube que a clínica iria fechar, fiquei muito arrasada, pois eu estava tentando me reerguer. Parecia que era minha culpa. Lembro-me até de comentar com a secretária que eu estava acabando com as minhas chances. Eu sempre tive pouca autoestima. Sentia-me feia e, após a morte do meu pai, engordei 20 quilos. Além disso, minha carreira não estava indo bem, resultando na companhia permanente da tristeza. Lembro-me de um dia estar indo para a clínica e ouvir a música *Recomeçar*, da Aline Barros, o que me tocou profundamente e mostrou que eu precisava reagir, precisava me movimentar e fazer exatamente o que a música dizia: recomeçar.

Ainda em 2013, comecei a trabalhar como supervisora de *home care*. Minha função era receber os pacientes que precisavam de fisioterapia domiciliar e encaminhá-los para os fisioterapeutas que atendem na rua. Além disso, tinha de cuidar da parte burocrática dos atendimentos. Inicialmente, fiquei muito feliz, pois, quando me formei, idealizava que, em algum momento da minha vida profissional, sairia dos atendimentos e buscaria algo mais administrativo.

Mas mal sabia eu que seria uma das piores experiências da minha vida. Na empresa em que trabalhei, o chefe era extremamente grosseiro e antiético. Sofri assédio moral desse senhor. Ele não tolerava erros, achava que quando não conseguíamos encontrar um profissional para determinado atendimento era porque não queríamos. Eu, que já tinha baixa autoestima, comecei a passar mal aos domingos à noite, não queria trabalhar, chorava em horário de trabalho.

Passei em consulta com um psiquiatra por conta de tudo que estava acontecendo, e ele me afastou da empresa por quinze dias, alegando que eu estava com depressão. Foram quinze dias de alívio, mas também de apreensão, por não saber o que iria encontrar quando voltasse. No meu retorno, meu chefe me chamou em sua sala no primeiro horário e falou: "Não entendi seu atestado de depressão, você estava rindo no dia anterior". Aquela frase bateu no meu íntimo, trazendo à tona tudo que eu tinha passado com o meu pai e o que estava passando. Ele não sabia como eu estava por dentro, então tive coragem e respondi: "Você não sabe o que se passa dentro de mim para julgar meu sorriso! Vamos fazer assim: estou pedindo demissão. Trabalho aqui até quinta-feira". Você não sabe como foi libertador falar aquilo. Com as palavras, saiu um peso das minhas costas. Eu me senti leve e feliz.

Minha colega Cris, que me chamava carinhosamente de chorona, me abraçou quando eu voltei à minha mesa e falou que estava orgulhosa de mim. Respondi que ali tinha aprendido mais uma valiosa lição: nenhum emprego vale a minha saúde! Novamente, estava desempregada, mas tranquila. Com todo esse turbilhão, estava conhecendo um rapaz por meio de um aplicativo de namoro. Estávamos conversando havia um mês, e ele me auxiliando nesse momento. Não nos conhecíamos pessoalmente, mas conversávamos todos os dias, por horas, via WhatsApp. Tomei coragem, aproveitando que estava nesse momento "dona de mim" e combinei de sair com ele.

No dia 2 de abril de 2015, marquei com o Diego em um bar na esquina da minha casa, pois, se não gostasse dele, queria estar tranquila para ir embora sem depender de ninguém. Ele chegou, conversamos e, naquele dia, me beijou. Durante a conversa, convidou-me para uma reunião com seus amigos dali a dois dias. Estranhei aquilo, mas topei, porque não tinha nada a perder, né? A partir daquele dia, começamos a nos ver todos os fins de semana. Após um mês saindo juntos, ele pediu para a minha mãe se poderia namorar comigo. Achei aquela atitude tão bonita e respeitosa, pois eu não era nenhuma menina, tinha 29 anos e ele, 35.

Começamos a namorar, e nossa sintonia foi só aumentando. Em um aniversário de criança, o Diego me olhou e disse que queria fazer uma pergunta, e gostaria que eu fosse sincera. Eu gelei! Mas disse que "sim", e então, ele me pediu em casamento. E eu, sem pensar, aceitei! A minha cabeça estava a mil. Meu primeiro namorado e, em menos de um ano, já estávamos falando em casamento. Se alguém me contasse que seria assim, eu certamente iria achar que era mentira. Sempre fui romântica, sonhava em me casar e constituir uma família. Como demorou um pouco para acontecer, eu acreditava que não se concretizaria mais. Entretanto, quando eu menos esperava, da forma mais simples e carinhosa, eu estava noiva!

Eu acredito muito em Deus e em energia. Enquanto minha vida pessoal ia se definindo, na profissional eu fazia atendimentos clínicos e domiciliares. Até que, em setembro de 2015, surgiu uma nova oportunidade de fazer uma entrevista para voltar a trabalhar no posto. Dessa vez, em uma organização social diferente e em outra periferia. Fiquei confiante, pois lá dentro, no meu coração, eu sabia que a vaga seria minha.

Durante a entrevista em grupo, fiquei muito brava, pois enquanto eu respondia às perguntas da gestora, o rapaz que competia pela vaga aguardava eu terminar para repetir o que eu dizia, com as mesmas palavras. No fim da entrevista, a gestora pediu para eu ficar aguardando e me informou que a vaga era minha! Eu estava de volta ao SUS! Pense em uma pessoa alegre, achando que o caminho estava sendo retomado, a volta para a CLT!

Em 1º de abril de 2017, realizei um sonho: me casei com o amor da minha vida! Como somos umbandistas, inicialmente fizemos uma cerimônia pequena no centro que frequentávamos. Em seguida, realizei outro sonho: me casar vestida de noiva. Não foi como eu imaginava, pois sempre sonhei em ser

EU, MINHA IRMÃ DANIELE, MEU AVÔ JAYME E MINHA AVÓ NATHALIA, 2019.

levada ao altar pelo meu pai, mas, infelizmente, não era possível. Fizemos uma cerimônia ecumênica em um *buffet*, seguida por uma festa. Quem me levou ao altar foi a minha mãe, a mulher mais importante da minha vida. Foi uma cerimônia linda, do jeito que idealizei, e pude homenagear os meus anjos: minha avó e meu avô, pois eles levaram nossas alianças, simbolizando o amor eterno, já que foram casados por sessenta e nove anos. Era como se o casal mais velho passasse a experiência para os mais novos.

Acho que você percebeu que acredito muito em Deus e sei que, às vezes, algumas coisas demoram a acontecer justamente para valer a pena. Quando decidimos nos casar, iríamos morar na casa da minha sogra, pois ela iria se mudar. Um ano antes de nos casarmos, ficamos sabendo que o plano da minha sogra de se mudar não iria acontecer. Então, Diego me disse: "amor, o que a gente paga hoje de prestação para a festa de casamento é igual ao valor do aluguel de um apartamento. Então, a gente aluga um cantinho". Ok... Seis meses antes do nosso casamento, o Diego foi demitido. Conseguimos pagar o casamento, mas não daria mais para pagar o aluguel. Combinamos que iríamos morar com a minha sogra e, assim que ele arrumasse um emprego, pagaríamos um consórcio de imóveis para comprar a nossa casa.

Casamos em abril. Em maio, Diego se recolocou no mercado de trabalho. A primeira coisa que fizemos foi ir atrás do consórcio e começamos a pagá-lo, porém o salário do Diego era a metade do anterior e tínhamos de arcar com as contas da casa. Após seis meses, decidimos, com muita dor no coração, desistir do consórcio. Essa foi a decisão mais difícil do meu casamento até hoje. Desistir do sonho da nossa casa foi um soco no estômago.

Eu e meu marido, Diego, no dia do nosso casamento, 2017.

Por dois longos anos, mantive um quartinho na casa da minha sogra para armazenar todos os presentes de casamento. A cada vez que entrava lá, eu perguntava a Deus quando finalmente poderia usar tudo o que havia ganhado.

Imagine a minha situação: recém-casada e morando com os sogros. Parecia que ainda morava com a minha mãe. Não posso reclamar de nada desse período. Meus sogros me receberam como filha e me tratavam como tal, sempre nos demos muito bem. Nunca tivemos problemas. Eu sempre respeitei o fato de estar na casa deles, e eles me deram liberdade para me sentir em casa, mas não era a mesma coisa; eu queria a minha casa!

Em setembro de 2018, Diego foi demitido novamente e voltou a buscar uma recolocação. Antes do nosso casamento, nós havíamos passado um fim de semana com um casal de amigos em Maringá e nos encantamos, pois tinha a qualidade de vida de uma cidade do interior, mas com a estrutura de uma cidade grande. Ele até tentou, na época, encontrar um emprego em Maringá, mas as oportunidades não apareceram e, naquele momento, eu não cogitava morar longe da minha mãe.

No fim daquele ano, enquanto atendia minhas clientes no consultório de cirurgia plástica, recebi uma ligação do Diego. Ele contou que havia sido convidado para uma entrevista em um processo seletivo de uma empresa, e que eu nem imaginava onde ela ficava. Curiosa como sou, insisti para que ele revelasse, e então ele soltou: "Em Maringá!".

Eu não sei você, mas eu não acredito em coincidências, e quando ele me contou sobre esse processo, na hora falei que a vaga seria dele! Eu tinha certeza de que ele seria aprovado, pois era muita coincidência ser na mesma cidade onde considerávamos morar algum tempo antes. Além disso, ele foi chamado para a entrevista sem qualquer indicação, já que a empresa encontrou seu currículo em um site destinado a esse fim, chamado Catho. Ele fez todo o processo por meio de videochamadas, e, conforme ele passava nas fases, nós conversávamos sobre a possibilidade, cada vez mais próxima, de nos mudarmos de estado.

Morar longe da minha família nunca foi minha vontade, pois sempre gostei de tê-los por perto. Já depois de casada, almoçava todos os dias na casa da minha mãe, pois ficava no caminho para os meus dois empregos: a clínica e o posto. De quinze em quinze dias, aos domingos, também almoçava na casa dela. Então, quando a oportunidade de mudar apareceu, por mais que eu desejasse ter a minha casa e soubesse que sair de São Paulo ia melhorar a nossa qualidade de vida (minha e do Diego), meu coração apertava por deixar minha mãe, minha irmã e meus avós. Porém, como sempre fui muito apegada a Deus, deixei em Suas mãos a solução para essa questão.

Em novembro de 2018, veio a resposta. Diego havia sido aprovado no processo seletivo e contratado pela empresa Sancor, uma seguradora. Aí eu vivi um grande dilema, pois já estava decidido entre nós que, se a aprovação viesse, nós iríamos morar em Maringá, mas eu precisava contar para a minha mãe e sabia que esse momento seria difícil.

Ensaiei por duas semanas, porque queria ter tudo organizado para explicar para ela. A primeira pessoa que soube foi a minha irmã, pois eu precisava de um apoio, e ela foi incrível! Daniela me apoiou, falou que eu não tinha nada a perder e deveria abraçar a oportunidade. Esse apoio foi extremamente relevante para mim, já que ela é uma das pessoas mais importantes da minha vida.

O combinado entre mim e o Diego, inicialmente, era: ele se mudaria em dezembro para começar a trabalhar. Eu ficaria indo e vindo aos fins de semana até abril, pois seria quando eu tiraria férias do posto. Na volta das férias, pediria demissão; em maio, mudaria.

Foi esse o plano que eu contei para minha mãe. No primeiro momento, ela só ouviu que eu mudaria para Maringá. Depois, com mais calma de ambas as partes, dei os detalhes de todo o plano inicial para ela. Minha mãe é controladora por natureza, mas sabe que, às vezes, as coisas não acontecem exatamente como planejamos. Quando terminei de falar, ela só respondeu: "Não é da minha vontade, mas se você vai ser feliz e é o que você quer, tem meu apoio". Nossa! Ouvir aquelas palavras acalmou um pouco meu coração.

No fim de novembro, o Diego precisou estar em Maringá para entregar os documentos da contratação. Ele assegurou que não voltaria a São Paulo sem ter alugado um lugar para morarmos. Partiu de São Paulo no domingo à noite, viajando a noite toda de ônibus até Maringá. Um dos amigos que tínhamos na cidade era o Marcelo, e eles combinaram de tomar um café após o Diego entregar os documentos, ocasião em que também pediu auxílio na busca pelo nosso apartamento.

Já tínhamos conferido pela internet algumas opções de quitinetes ou apartamentos de um quarto e pesquisado os valores. Quando o Diego se encontrou com o Marcelo para o café, veio a primeira surpresa boa! Marcelo tinha um apartamento do jeito que tínhamos visto, disponível para alugar. Embora o apartamento estivesse ocupado, momentos antes de encontrar o Diego, o Marcelo recebeu um e-mail da imobiliária informando que a inquilina planejava devolver o imóvel. Nosso querido amigo fez uma oferta, acordando que, se ela saísse até o Natal, não precisaria pagar o aluguel de dezembro.

Nem preciso falar da alegria que sentimos! Eu teria uma semana de folga entre o Natal e o Ano-Novo, daria certinho para fazer a mudança.

Enquanto Diego trabalhava, eu arrumava nossa tão sonhada casa. Mas as surpresas boas não pararam por aí. Diego precisava de um lugar para ficar do dia 10, quando começaria a trabalhar, até o dia 22, quando voltaria para passar o Natal com a família. Depois, viríamos juntos para Maringá para a mudança. Marcelo ofereceu um quarto em sua casa, já que estaria viajando com a família nesse período. Diego poderia ficar lá. Nesse momento, se eu tinha alguma dúvida de que Maringá era o nosso lugar, todas elas sumiram!

A empresa do Diego oferecia uma ajuda de custo para quem se mudava de outra cidade. Tínhamos duas opções: eles cobririam os custos da nossa mudança, até o limite de R$ 1 mil, ou nos forneceriam dez passagens (cinco de São Paulo a Maringá e cinco de Maringá a São Paulo). Como tínhamos poucos pertences e um amigo com uma Fiat Fiorino, optamos pelas passagens. Dessa forma, eu poderia ir e voltar a cada quinze dias para estar perto do meu amor. Chegou o dia 9 de dezembro, quando o Diego viria para Maringá começar a trabalhar. Ele só retornaria para São Paulo no dia 22. Nunca tínhamos ficado tanto tempo sem nos ver. A despedida foi dolorosa. Ele foi, e, pela primeira vez, eu fiquei.

Aquela quinzena que não passava...! Os dias eram longos, e a saudade apertava, mas sabíamos que aquilo seria passageiro. Lembro-me da primeira vez que ele entrou no nosso apartamento e fez uma chamada de vídeo para me mostrar como era; meu coração quase explodiu! Após tudo que havíamos passado para conquistar nossa casa, o sonho estava tomando forma.

Nós só tínhamos os eletrodomésticos da cozinha, uma TV e uma máquina de lavar antiga. Era essa a nossa mudança! Quando nos casamos, não ganhamos presentes da família, pois nos dariam quando tivéssemos uma casa. Então, minha mãe nos deu o armário do quarto; minha irmã, a cama; minha madrinha, o fogão; e minha cunhada, a geladeira.

No dia 25 de dezembro, eu e o Diego pegamos o ônibus para Maringá e, na manhã seguinte, meu sogro e o Luciano, amigo e padrinho de casamento, carregariam nossa mudança na Fiorino e viriam para Maringá. A primeira noite em nossa casa foi em um colchão de ar na sala. No dia 26, o Diego foi trabalhar, e eu fiquei com a função de faxinar o apartamento para a chegada da mudança. Eu nunca tinha limpado uma casa. Só passava pano no chão na época do *buffet*. Fui ao mercado e, com auxílio da minha mãe, comprei os produtos de limpeza e limpei nosso apartamento. Como o Diego sabia que eu estaria em casa, agendou a entrega da nossa cama para o dia 26. No entanto a mudança atrasou, chegando no dia 27, o que nos trouxe o nosso primeiro perrengue. Não tínhamos nada, já que tudo estava na mudança. Após concluir a faxina, precisei tomar um banho para almoçar, mas não havia toalhas. Tive que me enxugar usando uma camiseta.

Diego passou no mercado e comprou duas toalhas de banho, copos descartáveis e um lanche para a nossa janta. Como a geladeira demoraria a chegar, nossos amigos nos emprestaram uma geladeira antiga. Lembro-me de passar o requeijão no pão com uma faquinha improvisada feita com o lacre do próprio requeijão.

Graças a Deus, a mudança chegou no dia 27 pela manhã, e eu pude arrumar as coisas na nossa casa. Quando eu terminei de organizar tudo, sentei-me à mesa, que pertencia à minha sogra, com cadeiras que minha mãe tinha dado, pois trocou as da casa dela, e chorei de alegria. Agradeci a Deus por ter realizado meu sonho e, naquele momento, entendi o porquê de nada ter dado certo em São Paulo. Porque esse era o nosso lugar.

Nos primeiros dias, as roupas do Diego ficavam nas cadeiras, e o nosso sofá era o colchão inflável. Na cozinha, não existia armário, só uma bancada; então, eu montei um quebra-cabeça com os eletrodomésticos embaixo dela. Dessa forma começamos a nossa vida em Maringá.

Passamos o Ano-Novo na casa da chefe do Diego, depois chegou o dia de eu voltar para São Paulo e deixar meu amor e nossa casa. Foi mais doloroso que da primeira vez. Eu só voltaria a Maringá quinze dias depois. Durante a semana, era mais fácil aguentar a distância, o problema era o fim de semana. Diego ficava triste de um lado, e eu com o coração apertado do outro.

Quando retornei, tivemos uma conversa e percebemos que não poderíamos esperar tanto tempo para começar a viver nossas vidas juntos. Estava preocupada com o Diego, temendo que ele pudesse desenvolver depressão por ficar sozinho. Quem já viu alguém que ama passar por isso sabe como é difícil. Assim, decidimos que eu voltaria para São Paulo e pediria demissão, entendendo que precisaria cumprir o aviso prévio antes de realizar a mudança. Eu tentei, com a minha chefe da época, que a empresa me demitisse, mas não consegui, então depois de quatro anos de trabalho no posto, eu pedi minha demissão, porém dessa vez o sentimento era diferente. Era um sentimento de euforia misturado com medo, pois iria começar de novo, em uma nova cidade. Era como se eu tivesse acabado de me formar.

Assim que eu pedi demissão, comprei a passagem da ida definitiva, dia 9 de fevereiro de 2019, uma sexta-feira em que a minha vida iria mudar para algo que eu nunca havia imaginado. Avisei na clínica que ficaria até quinta e comecei a organizar minha mudança.

Antes de ir definitivamente, eu ainda tinha dois fins de semana para fazer "bate-volta". Então, a cada vez eu levava duas malas cheias de coisas que eu não ia usar e voltava com a mala vazia. Minha mudança foi feita aos poucos, mesmo porque o armário ainda não tinha sido montado em Maringá. As roupas do meu marido ficaram por um bom tempo nas cadeiras da sala.

Em um desses fins de semana, mais especificamente no dia 9 de janeiro de 2020, um domingo ensolarado, Diego e eu decidimos passear. Optamos por ir próximo ao Parque do Ingá, um dos pontos turísticos de Maringá. Aos domingos, ocorre uma feira de adoção de animais lá, e ambos, eu e Diego, somos apaixonados por animais. Já tínhamos pensado em ter um bichinho, mas devido ao fato de ele passar a maior parte do dia fora de casa e eu ainda não ter me mudado, estávamos ponderando se seria mais adequado adotar um cachorro ou um gato.

Mas naquele dia 9, quando nos deparamos com a feirinha, não resistimos e fomos logo acariciar os animais. Eu me aproximei dos filhotes, enquanto Diego olhava uma cadelinha que não tinha um olho. Quando ele se abaixou para acariciar a cadelinha, outra de cor caramelo se colocou na frente dela, começando a lamber o rosto do Diego e abanar o rabo.

Estou lá, contemplando os filhotes, quando o Diego me chama com os olhos cheios de lágrimas e a cachorrinha caramelo fazendo festa para ele. Ele olha para mim e pergunta se poderíamos ficar com ela. No primeiro momento, me assusto, pois não estava esperando, e fico preocupada, já que a cadela ficaria o dia todo sozinha. Enquanto o Diego procede com a adoção da cachorrinha, eu me aproximo da responsável pela feira para explicar a situação, pois a última coisa que queríamos era fazer o bichinho sofrer. Ao mencionar que a cachorrinha ficaria sozinha em um apartamento pequeno, a moça respondeu: "A Bárbara é uma cadelinha muito calma e tranquila, mas, qualquer coisa, você pode devolvê-la".

Eu fiquei chocada com a fala sobre a devolução, pois, para mim, essa opção era inviável. A moça respondeu que estava muito feliz pela Bárbara ter achado uma família que lhe daria amor. E assim adotamos nossa filha canina. Uma "caramelinha" linda, amorosa, que chegou para trazer amor para a nossa família.

Conforme foi chegando a data da minha mudança, começaram as despedidas. Saí para jantar com as amigas mais queridas, pois não quis fazer nada de festa, afinal estava mudando para 600 quilômetros de São Paulo e, sempre que pudesse, estaria por lá.

A despedida mais complicada foi a da minha família. Primeiro, dos meus avós; eles foram perfeitos, compreenderam minha mudança e me deram apoio. Em seguida, foi a vez da minha irmã, uma despedida um tanto desajeitada, já que a Dani não costuma expressar sentimentos. No entanto a despedida mais difícil foi a da minha mãe.

Na quinta-feira antes da viagem, almocei na casa dela como fazia todos os dias, e nenhuma de nós tocava no assunto. Parecia um dia normal, um pouco mais tenso, porém normal. Quando ela foi me deixar na clínica e chegou a hora do abraço, as lágrimas surgiram. Não conseguimos dizer nada uma para a outra, apenas nos abraçamos e choramos, foram dois minutos de abraço que pareciam horas. Nenhuma de nós queria largar a outra. Saí do carro e entrei na clínica chorando, mas sem olhar para trás, pois não queria ver minha rainha triste.

Chegou o dia! O dia em que embarcaria no ônibus rumo a uma nova vida. Trabalhei no posto pela manhã e, à tarde, às 16 horas, peguei o ônibus na rodoviária da Barra Funda. Lembro-me, como se fosse hoje, da sensação ao me sentar na poltrona do ônibus. Era um misto de sentimentos, com um pouco de medo, ansiedade, tristeza e empolgação. Afinal, estava deixando para trás o lugar onde nasci. Ali se encerrava o volume 1 da minha história e, 600 quilômetros depois, iniciaria-se o volume 2, uma narrativa que jamais imaginei escrever, mas que se desenrolaria com a mesma intensidade.

Cheguei a Maringá na madrugada do sábado, e meu marido estava me esperando na rodoviária para ajudar, porque ainda tinha muita coisa. Quando me viu, Diego me abraçou e falou que a felicidade dele agora estava completa. Eu não tinha nada em vista em relação a trabalho. Nos primeiros dias, enviei currículo para todas as clínicas de fisioterapia que eu achei no Google, mas não obtive retorno de nenhuma. Então, segui minha rotina de dona de casa, aprendendo a cuidar da casa, cuidar da Bárbara e, de tempos em tempos, voltava a mandar e-mails para clínicas, mas só recebia aquela resposta padrão: "Obrigada, mas no momento não estamos precisando".

Um dia, a esposa do Marcelo, Eliana, me ligou e compartilhou que havia conversado com uma amiga fisioterapeuta que tinha uma clínica no Jardim Alvorada. Essa amiga, chamada Sandra e apelidada por mim de meu anjo da guarda, teria um paciente para eu atender na clínica. Agendei uma conversa com a Sandra e, sem me conhecer, ela me proporcionou a oportunidade de atender um paciente na clínica. Nem é preciso dizer o quanto isso significou para mim!

Em um dos dias em que fui atender esse paciente, Sandra me contou sobre sua experiência como fisioterapeuta em um hospital particular e me passou o contato da responsável pela fisioterapia lá. Entrei em contato e fui convidada a participar de uma palestra que essa pessoa estava organizando.

Ao me apresentar, ela perguntou se eu teria disponibilidade para realizar plantões de atendimento no hospital. Até aquele momento, minha experiência se limitava ao estágio obrigatório da faculdade em ambiente hospitalar, mas estava pronta para aprender e totalmente receptiva a novas experiências. Ao decidir mudar para Maringá, estava ciente da necessidade de ajustar meu foco e me abrir para o que o novo desafio poderia oferecer. E assim o fiz.

Comecei a dar plantões aos fins de semana nesse hospital e, na segunda semana, uma profissional tirou férias; então, fui convidada para substituí-la somente naquele mês e aceitei. A experiência não foi muito positiva, por dois motivos.

O primeiro foi minha dificuldade em lidar com a morte tão próxima. Às vezes, atendia um paciente em um dia e, no dia seguinte, ele havia falecido, ou cuidava de pacientes em estágios terminais, nos quais não há mais tratamento eficaz, o que impactava negativamente meu emocional.

O segundo ponto foi algo que eu não aceito em serviços de saúde: o foco exclusivo no lucro em detrimento do bem-estar do paciente. O setor de fisioterapia desse hospital era terceirizado, o que significa que recebia por atendimento. Nesse cenário, éramos pressionados a oferecer um atendimento melhor aos pacientes particulares, pois eles pagavam mais. Além disso, não era permitido que o paciente recusasse o atendimento, pois, caso isso acontecesse, a empresa terceirizada não recebia. Essa abordagem comercial comprometia a integridade do cuidado ao paciente.

Esse tipo de ação vai completamente contra os meus princípios. Se estiver atendendo um paciente que precisa de mim, não me interessa, naquele momento, se ele é particular ou de convênio. Minha preocupação é fazer o meu trabalho e auxiliar aquela pessoa. Acredito que, quando fazemos nosso trabalho da melhor forma, a recompensa vem.

Trabalhei nesse hospital por três meses, até que um dia, após uma discussão com minha supervisora devido a esse tipo de atitude, cheguei em casa no meu limite. Conversei com Deus do fundo do meu coração, pedindo a Ele que me ajudasse a sair daquele local, pois estava me fazendo muito mal. Sempre acreditei que devemos pedir a Deus, mas também precisamos fazer a nossa parte. Então, retornei ao Google e enviei mensagens novamente para as clínicas. Dessa vez, obtive uma resposta.

Era uma clínica grande aqui em Maringá, que estava com um novo projeto envolvendo uma maca de alongamento passivo. Essa maca permitia que a pessoa se deitasse, e, com o auxílio de um cinto, eu realizava movimentos de alongamentos mais intensos. Nesse emprego, eu seria registrada, teria um salário fixo e uma porcentagem, trabalhando de segunda a sexta-feira, das 8 às 18 horas. Claro que aceitei a proposta imediatamente!

No fim daquela semana, eu já estava em treinamento e, o melhor, longe do hospital. Trabalhava dentro do estúdio de pilates da clínica, atendendo pacientes que precisavam realizar esse procedimento. Comecei a trabalhar com a maca em agosto de 2019 e, em fevereiro de 2020, veio a pandemia. No fim de 2019, minha avó teve uma piora em seu estado geral de saúde. Estava bastante esquecida, diagnosticada pelos médicos com demência senil, um tipo de demência relacionada à idade. Ela enfrentava dificuldades para realizar suas atividades diárias. Meu coração apertou ao ver minha querida avó naquela condição.

Em fevereiro de 2020, minha irmã fez 30 anos e, em março, deu uma festa em São Paulo. Nessa festa, minha avó tinha apresentado uma pequena melhora, estava um pouco menos confusa, comendo melhor e aproveitou a ocasião, porém, na nossa despedida, chorei mais do que o habitual. No caminho para Maringá, chorei praticamente durante toda a viagem. Meu esposo até perguntou se eu queria voltar para São Paulo, e eu disse que não, apenas estava triste porque sentia que minha avó não ficaria mais muito tempo por aqui.

Na semana seguinte, foi decretada a pandemia. Tudo fechou, incluindo os aeroportos e as rodoviárias. O caos estava instalado. No dia 31 de março de 2020, eu estava saindo da casa da minha sogra quando minha irmã me ligou, perguntando se eu estava sozinha. Respondi que não e questionei por que ela fazia essa pergunta. Então, ouvi a frase que mais temia: "Porque eu acho que a vovó morreu". Só lembro de passar o telefone para meu esposo e começar a chorar.

O chão se abriu mais uma vez. Minha velhinha, aquela que tinha cuidado com tanto carinho de mim, tinha partido, e o pior, eu não tinha como ir me despedir dela. Eu e meu esposo não dirigimos, então não temos carro. A rodoviária e o aeroporto estavam fechados. Meu marido até sugeriu alugar um carro e meu sogro ir dirigindo até lá, mas achei melhor não. Não queria arriscar a vida do meu sogro em um momento tão delicado.

Minha velhinha partiu como um passarinho, segundo meu avô, que estava com ela. Ela tossiu e desmaiou, acreditamos que nessa hora ela partiu. Hoje, três anos depois, eu agradeço o jeito sereno com que ela se foi, pois meu avô não aguentaria ver o amor da vida dele em uma cama de hospital novamente.

Foi muito difícil não ter ido para São Paulo quando ela morreu. Eu ficava pensando que havia deixado minha família sozinha no momento em que eles mais precisavam de mim, que não tinha me despedido de alguém tão importante em minha vida, mas, infelizmente, não havia o que se pudesse fazer naquela ocasião, quando as informações sobre a pandemia eram tão desencontradas.

Quando começou a reabertura dos locais de trabalho, e as clínicas foram liberadas, recebi uma ligação do meu chefe avisando que iria reduzir a minha carga horária e, consequentemente, o meu salário. Se eu não aceitasse, seria demitida. Aceitei a redução e comecei a trabalhar só meio período.

As pessoas tinham uma condição financeira diferente naquele momento. Algumas cancelaram seus pacotes e, com isso, meu salário foi reduzido, mas eu continuei firme. Em uma quarta-feira, meu chefe me ligou e agendou uma nova reunião. Eu estava certa de que seria demitida. Fui preparada para isso, mas tive uma surpresa positiva. Ele iria me transferir para um estúdio de pilates mais próximo da minha casa para continuar com a maca. Se eu quisesse, poderia fazer o curso para me tornar instrutora de pilates com uma ajuda de custos. Eu aceitei na hora, porque iria trabalhar próximo à minha casa, não gastaria com transporte e teria uma nova formação que iria me ajudar. Eu nunca recuso as oportunidades que a vida me oferece, pois, na maioria das vezes, não compreendemos os motivos por trás dos acontecimentos, mas, no futuro, tudo se esclarece. Dessa forma, abri as portas para mais uma novidade profissional.

Vou abrir um pequeno parêntese: desde que eu me formei, o pilates estava presente na minha vida, mas eu sempre fugi dele porque não achava que era o que eu gostava, ou o que eu queria. Mas, naquele momento, pós-pandemia, em outra cidade, sem conhecer muita gente, era a oportunidade de ouro.

Foram dois fins de semana de curso. Quando retornei para o estúdio onde trabalhava com alongamento, a gerente começou a me tratar de forma diferente. Penso que, na cabeça dela, eu iria tomar o seu lugar, coisa que eu nunca faria. Acredito que todos têm seu lugar "ao sol" e que ninguém toma o lugar de ninguém, mas ela não pensava assim e começou a tornar o ambiente bem difícil.

Nessa fase, eu tinha um novo foco: estúdios de pilates. Voltei ao Google e retomei minha jornada de busca por um novo trabalho. Na primeira semana, já tinha uma entrevista em um estúdio próximo da minha casa. Fiz a entrevista e comecei a trabalhar no período da noite, das 16 às 21 horas.

Como meu objetivo era sair do emprego da manhã, já que não havia um clima de trabalho positivo, com a gerente questionando tudo que eu fazia, continuei minha busca. Logo surgiu outra oportunidade das 7 às 13 horas, e eu agarrei!

Entre o fim de 2020 e o começo de 2021, eu trabalhei em dois estúdios diferentes: um no período da manhã e outro à noite. Nesses estúdios, eu fazia tudo: dava as aulas, cuidava da minha agenda, fazia o marketing, agendava aulas experimentais, fechava os planos, enfim, só não era a dona.

Um dia, conversando com meu marido, ele falou: "Amor, se você faz tudo isso para os outros, por que não abrir um estúdio para você? Assim você não precisa dividir o lucro". Confesso que, no primeiro momento, senti medo. A primeira ideia foi falar "não". Mas como eu não sou de me negar às oportunidades que a vida apresenta, começamos a buscar um local.

Quando pensei em um lugar para abrir meu estúdio, queria algo o mais próximo de casa possível, já que não dirigia e sabia que trabalharia muitas horas por dia. Visitei vários lugares, mas não encontrava nada que me agradasse. Até que um dia, indo trabalhar, na avenida perto da minha casa, vi duas salas comerciais para alugar. Entrei em contato com a imobiliária, agendei a visita e me apaixonei por uma sala de 40 metros quadrados, a apenas 300 metros de casa.

Mas nem tudo é fácil na hora de empreender. Quando manifestamos nosso interesse à imobiliária, nos pediram um fiador, mas não conhecíamos ninguém com as qualificações necessárias. Perguntei se seria possível fazer a fiança via cartão de crédito, mas a corretora informou que não era uma opção. Então pensei: "Bom, não era para ser, né?". Um dia depois, recebo uma ligação da imobiliária informando que havia falado com o proprietário do imóvel e ele havia aceitado nossa proposta de fiador via cartão de crédito! Eu chorava ao contar para o meu esposo que tinha dado certo. Eu teria o meu estúdio a 300 metros de casa!

Minha mãe nos emprestou o dinheiro, e começamos a comprar tudo: aparelhos, espelho, acessórios, móveis de escritório, enfim, tudo o que era necessário para abrir um estúdio pequeno. No dia 12 de junho de 2021, nasceu o Instituto Gallello de Pilates, o meu espaço de atendimento, com o objetivo de cuidar das pessoas, aliviando dores e promovendo mais saúde.

Eu nunca me imaginei sendo dona do meu próprio negócio. Como mencionei, minha autoestima era bastante baixa, não me sentia capaz. Cada aluno que chegava era motivo de celebração. Como o estúdio fica em uma avenida, a maioria deles conheceu o local passando em frente. No início, eu ficava das 7h às 12h e das 14h às 19h sem nenhum aluno, mas mantinha as portas abertas, e assim os primeiros foram chegando.

Cada aula experimental que não fechava um pacote de aulas ou cada aluno que não renovava o plano, eu achava que a culpa era minha. No começo, não entendia que algumas pessoas não vão fazer pilates para sempre, ou que passavam por problemas que as impedia de continuar. Na minha cabeça, eu não era boa o suficiente.

Houve um dia em que eu estava bastante desanimada. Não é fácil dar conta de tudo sozinha. Costumo brincar que sou uma "euquipe", pois dou as aulas, faço a parte administrativa e financeira, a faxina, enfim, tudo! Nesse dia em que o desânimo apareceu, eu ia dar aula para a Dona Marina, uma aluna que está comigo desde o primeiro mês. Ela estava fazendo a aula e pediu que eu a filmasse no exercício. Foi o que fiz. Foi então que ela falou: "Sabe, Ana, desde que comecei as aulas, minhas dores melhoraram, estou mais disposta e mais feliz. Você tem me ajudado muito! Obrigada pela sua dedicação".

Quando terminei de gravar, meus olhos estavam cheios de lágrimas, pois, naquele momento, senti que ela foi uma ferramenta de Deus para responder às minhas dúvidas e acalmar meu coração. Ajudando-me a entender que algumas pessoas estarão comigo sempre, enquanto outras irão passar e deixar saudades.

Com todos os desafios de empreender sozinha, também venho passando por um desafio pessoal. Há três anos eu tento engravidar, mas sem sucesso. Ser mãe é o maior sonho da minha vida. Se por um lado nunca me imaginei empreendedora, por outro, sempre me vi sendo mãe, e essa espera não está fácil.

Já consultei três especialistas em reprodução humana, realizando exames desconfortáveis, e a cada mês mantenho a esperança de não menstruar, embora ainda não tenha ocorrido. Essa espera tem desencadeado crises intensas de ansiedade, momentos em que eu só desejo ficar em casa, acompanhados de questionamentos persistentes, como "Por que não estou conseguindo?", e assim por diante.

Ajudando-me nessa espera, tenho meu companheiro de vida, que me acolhe, ampara, é meu ombro amigo e o abraço que me sustenta. Tenho minha família que, mesmo longe, está sempre comigo. Conto também com minha "anja" da guarda, a Sandra, que, com suas agulhas mágicas de acupuntura, me proporciona tranquilidade.

Tenho outras duas ajudas que são fundamentais: o estúdio, que, nos dias em que só quero chorar, colocar um filme da Disney e ficar no sofá, me lembra de que não posso. Tenho um negócio, algo que precisa de mim para funcionar, e isso me motiva a levantar. E tenho os meus alunos! Você não faz ideia de como eles me ajudam. Todos, sem exceção, sabem da minha busca e me apoiam e auxiliam. Entendem que não é todos os dias que a professora está bem, mas reconhecem o quanto me esforço para lhes dar o melhor de mim.

Manter a mente ocupada tem sido fundamental durante todo esse processo, e também reconheço a importância de divulgar meu negócio. Assim, comecei a procurar grupos de mulheres empreendedoras. Participei de dois, mas não me identifiquei com eles. Eram grupos muito profissionais, nos quais cada pessoa seguia seu caminho, e não se alinhavam com o meu estilo. Até que um dia vi uma postagem no WhatsApp sobre um grupo de mulheres chamado **AuroraS**.

Como uma verdadeira fã da Disney, adorei o nome "Auroras", especialmente por ser o mesmo da Bela Adormecida. No entanto, ao pesquisar mais sobre o grupo e ler a definição do nome como "renovação por meio de um novo dia", percebi que era algo especial. Entrei em contato com uma das líderes, a Vanessa, e participei da primeira reunião. Ao voltar para casa, Diego me perguntou o que achei do grupo, e respondi: "Encontrei meu lugar! É um grupo de mulheres que se apoiam verdadeiramente, se unem e promovem *networking*".

A cada reunião, a cada encontro, eu me sentia mais pertencente àquele grupo. Um dia, a Vanessa perguntou se alguém queria ajudá-la no Instagram e, como amo internet e fiz alguns cursos voltados para o Instagram, logo me prontifiquei. E hoje, além de membro, ajudo as meninas na administração do grupo.

No **AuroraS** eu me senti acolhida como empreendedora, pois todas têm seus negócios e dividem, de verdade, os saberes; acolhida como mulher que está em um meio novo, que vai errar e vai acertar, sem o julgamento das outras; e acolhida como pessoa, pois sempre tem alguém para lhe dar um abraço, para perguntar se está tudo bem e, principalmente, para torcer pela Ana Paula empresária, fisioterapeuta e mulher. Sei que minha história está apenas começando, afinal tenho 37 anos e estou no meio de minha jornada. Ainda vou realizar meus sonhos de ser mãe, de ter meu negócio consolidado e de ser uma mulher mais plena.

Espero que você, que leu este pequeno capítulo, sinta-se encorajado a não desistir, a não parar de lutar pelos seus sonhos. Sinta-se capaz. Que você é a pessoa mais incrível que poderia ser e que, às vezes, sair da zona de conforto pode parecer assustador. Mas saiba que, depois das turbulências, abre-se um mar azul e, dentro do seu coração, vem a certeza de que tudo valeu a pena.

Até o que não deu tão certo valeu, porque foi naquele momento que você aprendeu, se superou e cresceu.

Obrigada!
Com amor, Ana Paula.

No meu estúdio.

Bruna Camila Gonçalves

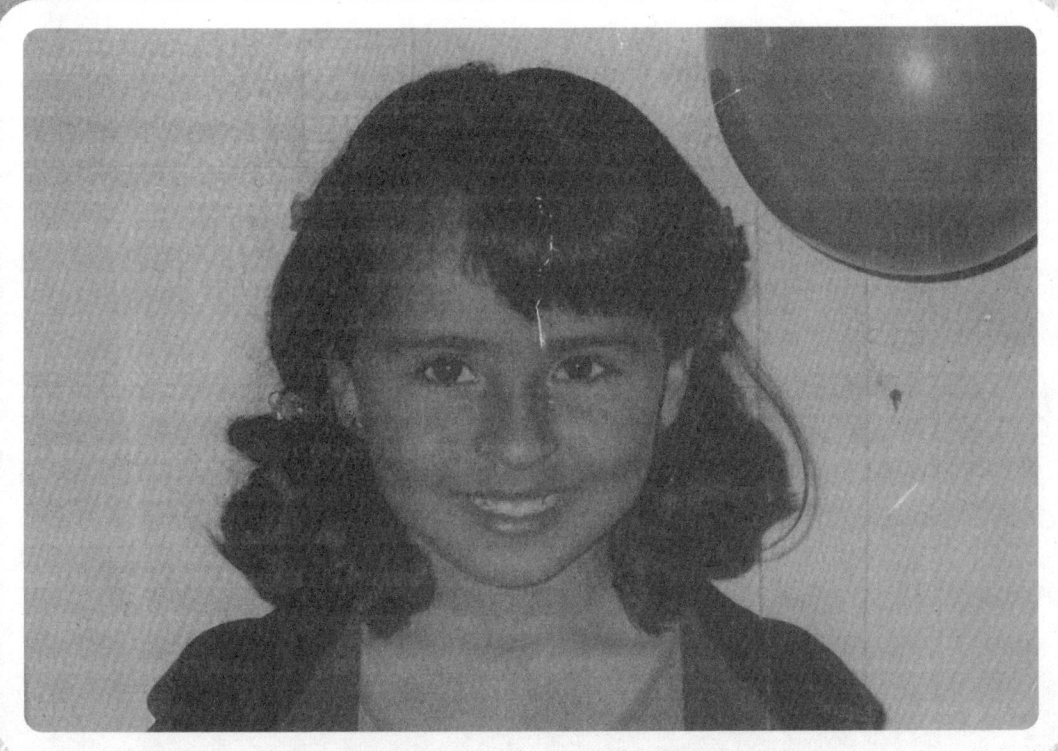

Eu, na minha festa de aniversário, 2006.

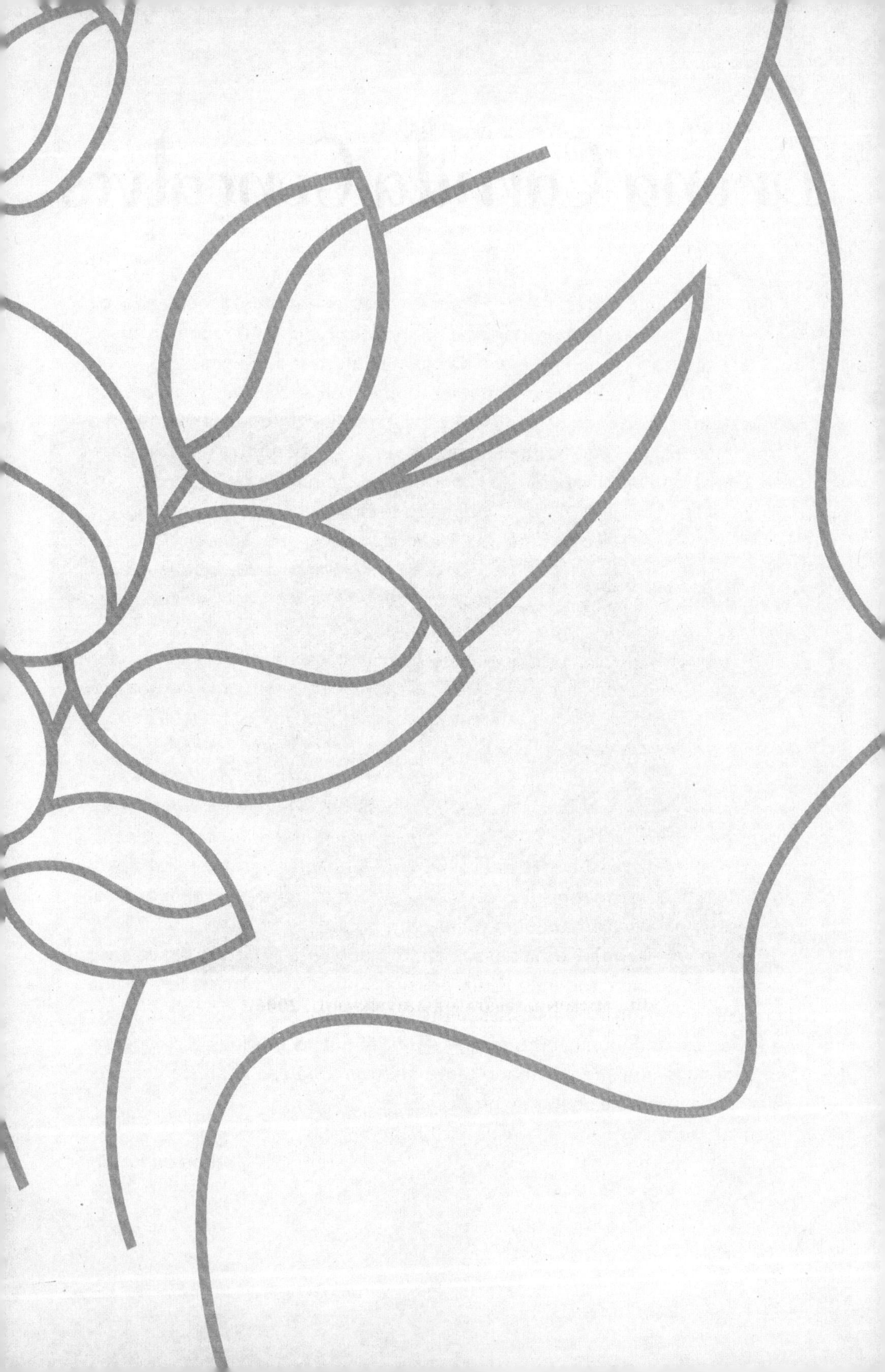

CARTA PARA A CRIANÇA
Bruna

Querida Bruna, é desafiador expressar meus sentimentos, estando eu aqui e você aí. Você sempre foi uma criança protegida. Ao recordar nossa infância, a imagem que persiste é da casinha modesta de nossa avó – simples, pequena, mas repleta de amor e proteção. Ali, você viveu os primeiros anos, enquanto sua mãe trabalhava para garantir nosso sustento. Mesmo sendo mais caseira, afastada das brincadeiras de rua, dentro daquela casinha, você tinha a companhia de sua avó, tia mais nova e prima, proporcionando alegria à sua vida. Sua avó cuidou de você dedicadamente, e talvez você não compreenda totalmente o quanto precisará cuidar dela.

A iminente partida de sua avó se aproxima. Certamente, será uma dor intensa. Porém, ao fim, você carregará consigo a paz de ter feito tudo ao seu alcance, até mesmo o impossível, para cuidar dela e estar presente.

Você receberá responsabilidades para exercer desde muito nova, e isso será o grande diferencial da sua vida, pois você se tornará uma pessoa responsável, madura e que compreenderá os princípios da vida, não se deixando abater por seus desafios e sempre fazendo o que precisa ser feito.

Bruna, você vai passar por coisas na sua infância e não vai compreender na hora. Os principais conflitos serão com as decisões que a sua mãe vai tomar durante a sua criação. Pode ser que você pense que ela é chata, ou que não goste de você, e está tudo bem. Você ainda não está preparada para entender isso, mas, depois dos seus 20 anos, vai compreender que tudo foi necessário para se tornar quem você é hoje.

E quem você é hoje? Uma pessoa apaixonada pela vida, que busca viver intensamente cada segundo. Uma pessoa sonhadora, planejadora e que pensa muito no futuro, pois está sempre buscando cumprir com o propósito da nossa existência na Terra: evoluir e ajudar outras pessoas a crescerem também. Mas, mesmo pensando tanto no futuro, não se esquece de aproveitar cada minuto e gostar do processo.

Um abraço!

Bruna do futuro.

A história de uma jovem empresária leonina e ambiciosa, que com seu atual trabalho conquistou liberdade geográfica e de tempo. Acomode-se na cadeira e pegue um caderno e uma caneta, pois vou te contar a minha história.

Meu nome é Bruna Camila Gonçalves e tenho 23 anos. Nasci em 15 de agosto de 1999, na cidade de São Jorge do Ivaí, estado do Paraná, filha da Leila Cristina Gonçalves. Não tenho registro do meu pai na certidão de nascimento, pois tive pouco contato com ele na infância e fui criada pelo meu padrasto, Rosemiro Cláudio Rodrigues. Sobre o meu pai biológico, Luiz Antônio, eu o conheço e, graças a Deus, está bem. Tenho dois irmãos do segundo relacionamento de minha mãe, e eu os amo muito: Pedro, de 13 anos, e Stephanie, de 18. Para ser bem sincera, eu tenho mais irmãos espalhados pelo mundo por parte do meu pai. Tive o prazer de conhecer pessoalmente quase todos, eu acho que são uns 7. Atualmente, moro em Maringá (PR), cidade que já foi eleita a melhor do Brasil para morar. Ah! Como eu sonhei em morar em uma cidade como essa, como eu sonhei em morar aqui! Há menos de doze meses, estar aqui era apenas um dos sonhos incríveis que eu tinha, e não passava disso. Hoje, quando olho para trás e vejo que estou aqui, sinto um arrepio. Como nós temos capacidade de realizar os nossos sonhos e, às vezes, nem nos damos conta disso! Vou explicar mais sobre essa parte no decorrer deste capítulo.

Esta é a primeira vez que me comunico profundamente com alguém somente pela escrita; e esse é outro caso que, quando paro para pensar, me arrepia. Eu já li vários livros e, um dia, também sonhei em escrever o meu, só não imaginava que esse sonho iria se transformar em realidade tão rápido. Vou me esforçar ao máximo para que você possa me conhecer melhor por meio desta leitura.

Eu tenho 1,50 metro de altura e um peso que oscila entre 47 e 50 quilos. Minha pele tem o tom moreno médio, os cabelos e os olhos são castanhos-escuros, um pouco mais claros do que na infância, quando eram negros como jabuticaba. Gosto de dedicar o meu tempo para cuidar do meu interior e do meu exterior. Você me verá sempre com meus cabelos escuros e lisos, e/ou escovados, os lábios coloridos com batom e as unhas compridas no formato quadrado, protegidas com esmalte.

Desde que me conheço por gente, tenho ambição. Uma sede de crescimento que, às vezes, extrapola. Quando eu era mais nova, meus familiares observavam meu comportamento e me chamavam de ambiciosa e até mesmo gananciosa, com um tom negativo, como se isso fosse um pecado. No passado, isso me afetava e me fazia repensar algumas coisas. Hoje, entendo que sempre foi uma vontade de evoluir. O empreendedorismo aconteceu rápido na minha vida, e ao mesmo tempo devagar. Eu não empreendi porque precisava disso financeiramente. Eu escolhi viver o empreendedorismo como ferramenta para encontrar em mim todo meu potencial de crescimento.

Entendo que todo resultado que não alcançamos na vida é por falta de algo que ainda não aprendemos. Meu interesse pelo conhecimento sempre foi enorme devido a esse entendimento. Meu objetivo aqui é te inspirar a empreender, mas não para você apenas dizer: "Eu tenho meu próprio negócio", "eu não gosto de trabalhar para ninguém". Não, o meu objetivo é que você use a ferramenta do empreendedorismo para crescer e acessar toda a abundância que existe na Terra. Para concluir esse objetivo, preciso te guiar pelo caminho, e a melhor forma é começando pelo começo. Empreender e atingir objetivos é como percorrer uma estrada. Quanto mais você conhecer esse caminho, mais você conseguirá trilhar e chegar com sucesso ao destino final.

Então vamos lá, vou te contar como cheguei até aqui. Eu tenho vagas recordações da minha infância. Talvez por ter viajado poucas vezes nos meus pensamentos para lá. São Jorge do Ivaí é uma cidade com aproximadamente 6 mil habitantes. Logo, minha mãe se mudou para a cidade de Mandaguari (PR), a fim de acompanhar a minha avó no tratamento de catarata. Acredito que eu tinha um ano de idade, talvez bem menos. Minha mãe, na época, era solteira. Então, eu me recordo de ter sido cuidada em tempo integral pela minha avó, pois minha mãe trabalhava em outras cidades e vinha para casa só no fim de semana. Por esse motivo, criei com a minha avó uma afinidade muito maior do que numa relação normal entre avó e neta. A minha avó não trabalhava, pois havia perdido a visão quando minha mãe era bem jovem ainda, pouco tempo depois do falecimento do meu avô, que eu não tive a oportunidade de conhecer.

Com relação à minha avó, sinto que qualquer coisa que eu falar sobre ela será pouco. Se você tivesse a oportunidade de conhecê-la, as primeiras palavras que ela iria fazer questão de te dizer seriam: "Eu que criei essa nega", se referindo a mim. Quando nasci, minha avó já tinha perdido a visão, e esse fato fez com que ela desenvolvesse os demais sentidos de maneira apurada. Ela ouvia do outro lado da casa quando eu estava descalça e pedia para eu colocar o chinelo. Minha avó era sinônimo de organização e limpeza. Uma mulher que sempre estava disposta, com energia para fazer tudo, e nunca procrastinava nada. Aliás, agia com mais excelência do que muitas pessoas que enxergavam bem.

Ela teve um cuidado gigante comigo até seu último suspiro, e eu também cuidei muito dela. Sua casa era o meu refúgio. Todos os fins de semana possíveis eu ia dormir na casa dela. Lá só havia mulheres: uma tia, uns três anos mais velha que eu, e uma prima, uns três anos mais nova. Nós nos divertíamos muito. Sempre que eu ia para sua casa, sentia-me mais leve, acolhida... Sentia que aquele lugar, realmente, eu poderia chamar de lar. Nada contra a casa da minha mãe, que mais tarde se casou com o meu padrasto. Mas quando eu estava na casa da minha avó era diferente. Confesso que ela me mimava bastante, mas acredito que foi construído um laço muito forte, principalmente pelo fato de ela ter me criado por boa parte da minha infância.

Tempos depois, eu amadureci, comprei meu carro, tive alguns namorados, mas nem por isso deixei de ir me aconchegar na casa dela. Tinha chegado a minha vez de cuidar de quem cuidou de mim. Minha tia, que morava com ela, se casou. Minha prima queria sair e já não ficava tanto assim em casa, então eu fazia o possível para ela não ficar sozinha. A Dona Margarida (nome da minha avó) faleceu com 67 anos. Teve cirrose e algumas complicações. Seus problemas de saúde começaram aos 63 anos. Nós passamos por todo o processo. Não foi uma morte repentina; ela foi adoecendo, adoecendo...

Lembro-me do penúltimo dia da sua vida. Eu a acompanhava no hospital numa noite de sábado e fiquei ao seu lado porque todos estavam revezando. Fazia alguns meses que ela estava muito mal, indo e voltando do hospital. O nosso sofrimento foi distribuído por esses meses, vendo-a cada dia pior, ouvindo o médico dar poucas ou nenhuma solução para os seus problemas. Ela faleceu numa manhã de segunda-feira. Foi muito difícil vê-la no caixão e saber que eu tinha perdido um grande colo e a melhor amiga. Sentimos a sua falta, mas hoje eu vivo com o coração tranquilo. Minha avó foi a pessoa com mais fé que eu conheci, sempre estava na igreja em orações. O fim da sua vida carnal foi muito triste. Ela e nós sofremos demais. Mas hoje eu sei que ela descansa tranquilamente em um lugar bem melhor.

Eu tenho responsabilidades desde muito nova. Acredito que, por isso, despertou dentro de mim o desejo de empreender tão cedo. Eu venho de família humilde, sempre tive o suficiente para viver, mas nada além disso. Cresci vendo a minha mãe batalhando pelo nosso sustento, minha avó sozinha cuidando da casa e da nossa família. Isso me trouxe a mensagem de que, se eu quisesse algo, deveria correr atrás.

Quando eu tinha aproximadamente 10 anos, minha mãe trabalhava fora, e eu ficava em casa com a minha irmã. Estava na função de organizar o ambiente, preparar o almoço e nos arrumar para ir para a escola. Minha irmã tinha cerca de 5 anos. Eu gostava muito de ir para a escola, estudar, estar com os amigos. Primeiro, pela diversão; segundo, porque entendi que eu vivia uma realidade que poderia ser mudada, se eu estudasse e ocupasse uma função importante profissionalmente. Eu era uma aluna que tirava boas notas e já gostava de exercícios físicos desde lá. Meu esporte favorito era o vôlei e, apesar do meu 1,50 metro, jogava bem, só não podia ser na rede (*risos*).

Lembro-me de que, na infância, eu brincava dizendo que seria médica, o motivo eu não sei, mas quando amadureci não escolhi trilhar o caminho da Medicina. Sou uma pessoa bem sensível a sangue e coisas do tipo, apesar de gostar muito de cuidar das pessoas, mas cuido de uma forma diferente. Cuido de aspectos não palpáveis, aspectos que os olhos não veem. Quando me recordo das minhas brincadeiras de infância, lembro-me de ter papéis e telefones, simulando um escritório e/ou um banco.

No meu processo de desenvolvimento, a sociedade me fez acreditar que eu era uma pessoa de Exatas. O fato de crescer emocionalmente um pouco distante da minha mãe fez de mim uma pessoa mais fria e racional, então a Matemática era a minha matéria favorita. Hoje eu busco compreender Exatas e Humanas, porque entendi que falar "eu sou disso" ou "eu sou daquilo", não causa outro efeito a não ser nos limitar. Assim como precisamos aprender os números para a gestão da nossa vida, entender sobre pessoas e compreender o ser humano é necessário também.

A maioria das pessoas, na sociedade, tem muitas limitações. Devemos tomar cuidado com tudo o que dizemos para nós mesmos. Como diz o escritor Bob Proctor, nossas crenças não foram escolhidas por nós, mas sim herdadas dos outros. Devemos questionar nossa forma de pensar.

No ensino médio, escolhi o Curso Técnico em Administração de Empresas quando finalizei o 9º ano. Eu tomei essa decisão por dois motivos: primeiro, porque era a opção com a qual eu poderia conseguir um emprego mais rápido para comprar as coisas que eu quisesse e ajudar a minha família a não ter que viver só com o básico. Eu sempre tive tudo de que precisei, sou muito grata por isso, mas sempre foi o básico, e eu entendi que merecemos ter mais. O segundo motivo foi porque eu já tinha percebido, também, que pessoas que tinham a liberdade, a prosperidade e a abundância que eu queria estavam nos cargos de alto nível das empresas, então foi daí que surgiu essa vontade ardente.

Sempre gostei de ir para a escola. Sentia prazer em escrever, estudar, aprender e vivia em busca de mais conhecimento. Nunca fui de ter muitos amigos, mas me diverti muito com os "poucos" que tinha. Sou uma pessoa reservada e introspectiva. Quando criança, fui bem cuidada dentro de casa, nunca fui de ficar brincando na rua, me sujando etc. Acredito que isso me ajudou a me tornar uma pessoa que gosta muito de cuidados pessoais. Em outros tempos, eu diria: "Sou uma pessoa muito vaidosa", porém, no dicionário, vaidosa é o feminino de vaidoso. O mesmo que: pretensiosa, presumida, orgulhosa, presunçosa. Que tem vaidade; que se importa muito com a própria aparência. Que dá importância a futilidades; fútil.

Aos 13 ou 14 anos, quando tive contato com os meus primeiros celulares (primeiros, porque sempre eram de segunda mão, então sua vida útil era pequena. Mas, depois do primeiro, meus pais nunca me deixaram sem), eu pesquisava e assistia a muitos vídeos sobre cuidados com pele, cabelo, maquiagem. Em determinado momento da minha adolescência, eu fazia unha, cabelo e maquiagem de algumas pessoas próximas a mim. Nós não tínhamos condições de ir ao salão de beleza com muita frequência, mas, como a minha mãe me ensinou a sempre estar bem cuidada, eu dava meu jeito de cortar meu cabelo em casa, escovar, fazer as unhas, passar maquiagem etc. De tanto fazer, fui aprimorando essa habilidade, e ficar boa em cuidados com a beleza se tornou inevitável. O mais engraçado de tudo isso é que as pessoas ao meu redor falavam que eu tinha "dom para isso". Até eu pensava assim, de tão boas que eram as minhas habilidades, comparadas com as das outras pessoas que viviam comigo. Que curioso! Uma pessoa faz algo com muita frequência, fica boa, e a gente chama isso de dom.

Minha primeira experiência profissional com carteira assinada foi aos 14 anos, quando comecei a trabalhar como jovem aprendiz. Eu tenho muito orgulho dessa fase da minha vida, assim como das outras também. Aprendi muito, nessa época, sobre o mundo empresarial. Eu estava no meu primeiro ano do Técnico em Administração de Empresas, e uma ONG com uma história bem bonita estava sendo fundada, a AMAG. Aqui vai uma descrição do projeto para você conhecer:

Maria Aparecida Gomes foi moradora do município de Mandaguari, onde faleceu no ano de 2000. Vinda do estado de Minas Gerais, da cidade de Carangola, junto de seu marido e filhos se instalou em um sítio com sua família onde todos trabalhavam. Anos depois, devido à miséria em que viviam, tendo perdido quatro filhos recém-nascidos de fome, o marido a abandonou, tomando um rumo desconhecido. Coube a ela criar e sustentar seus filhos. Com o passar do tempo, seus filhos se casaram e lhe deram os netos. A história de dedicação, amor e coragem dessa mulher foi um legado passado de geração a geração. No ano de 2012, a convite do Ministério Público da Comarca de Mandaguari, seu neto, Marco Antônio Machado Pereira, veio a fundar a Associação Maria Aparecida Gomes para atender adolescentes, jovens e seus familiares no município de Mandaguari. Com o apoio da família e de amigos, a AMAG promove projetos nas áreas da formação profissional e inserção no mercado de trabalho, e projetos culturais. MANDAGUARI, Amag. Detalhes sobre a Amag de Mandaguari.[1]

Fiz parte da primeira turma da organização. Fomos escolhidos por nota. A ONG e o colégio em que eu estudava escolheram 15 alunos do 1º ano de Administração e quinze do 2º ano. Eu fiquei muito feliz, pois ali começava, de fato, a vida profissional que eu tanto desejava.

Lembro-me de quando começamos a fazer as entrevistas na cidade onde eu morava. Havia várias indústrias, e fiz entrevistas em quatro delas, mas não fui contratada em nenhuma. Na época, fiquei um pouco chateada, por dois motivos: primeiro, porque eu queria trabalhar em uma empresa chamada Romagnole Produtos Elétricos S.A., pois ela é a maior da cidade e a sede ficava perto da minha casa; segundo, porque eu não estava passando nas entrevistas de emprego e sentia que tinha algo de errado comigo. Uma mulher disse que, talvez, eu fosse muito jovem, mas não era essa a verdade. A verdade é que: *Muitos primeiros serão os últimos, e muitos últimos serão os primeiros* (Mt 19:30).

O programa de jovem aprendiz de que eu participava funcionava na seguinte estrutura: três dias de trabalho na empresa e dois dias de curso ministrado por professores do Serviço Nacional de Aprendizagem Industrial (Senai). Já tínhamos começado o curso, algumas pessoas estavam trabalhando, mas nem eu nem outros três jovens aprendizes tínhamos sido contratados. Depois de aproximadamente duas semanas desde o início do curso, uma empresa

---

1 Fonte: https://www.facebook.com/amagmandaguari/about_details

chamada Fitaflex Industria & Comércio decidiu nos contratar. Fizemos a entrevista e, em duas ou três semanas, começamos a trabalhar.

E aqui se inicia uma nova rotina, ou podemos chamar de evolução da rotina já existente.

Os dias pareciam mais "curtos", e as responsabilidades cresceram. Fui contratada por uma excelente empresa, a Fitaflex, que hoje deve ser composta de aproximadamente 300 colaboradores, tem uma boa estrutura e é um local tranquilo para trabalhar.

Foi uma experiência muito importante para a minha vida profissional. Lá eu tive a oportunidade de aprender e amadurecer. Em toda minha jornada, trabalhei na área administrativa e fui agraciada pela oportunidade de conhecer vários setores, como RH, financeiro, expedição etc. Nessa trajetória, percebi que, se fosse para eu fazer uma escolha, escolheria trabalhar com algo que envolvesse números, principalmente se fosse com a parte financeira.

Eu estava rodeada de mentes inteligentes. Se eu pudesse resumir minha primeira experiência profissional em uma palavra, seria **aprendizado**. Aprendi a trabalhar e a me comportar. Tive de pensar sobre como utilizar meu tempo da melhor forma – eu estudava de manhã e trabalhava à tarde – e aprender sobre organização financeira, pois, naquele momento, satisfatoriamente, eu tinha um salário (na verdade metade dele) para realizar meus sonhos.

Minha jornada como jovem aprendiz na empresa Fitaflex foi uma jornada divertida, recheada de novas experiências, desafios e conexões com outras pessoas. Os colaboradores da empresa sempre trataram uns aos outros com respeito e acolhimento, não tenho nada para me queixar, só agradecer por essa oportunidade.

Também sou muito grata pelas aulas do curso profissionalizante, ministrado por professores do Senai, enquanto trabalhávamos na empresa. Tive a honra de estudar com os melhores professores e mestres sobre carreira profissional e administração de empresas. Não consigo expressar o quão enriquecedor foi esse período de dois anos. Foi uma jornada de grande crescimento mesmo!

De tempos em tempos, os coordenadores da AMAG se reuniam com os nossos gestores para saber como estava o nosso desenvolvimento no trabalho. Depois, repassavam o feedback no dia dos cursos. Eu me recordo de receber ótimos feedbacks da empresa e, como todo bom retorno, sempre chegavam com aconselhamentos do que eu poderia fazer para ajustar o meu comportamento e a minha postura profissional. Pois, mesmo minhas avaliações sendo excelentes, se o ser humano não tem nada para melhorar, é porque tem alguma coisa de errado.

Um ano e nove meses depois, o meu contrato como jovem aprendiz acabou. Desde o começo, nós já sabíamos que a empresa tinha a opção de nos efetivar como colaborador, em tempo integral ou não. No encerramento do contrato, com toda certeza, meu coração vibrava para permanecer ali, pois eu já me sentia parte da "família" e desenvolvi fortes laços lá dentro; mas, infelizmente, meu contrato não foi renovado, não havia uma vaga disponível naquele momento. Lembro-me de ter chegado em casa, no dia do encerramento, muito triste apesar de grata. Entretanto entendi que ciclos se encerram para que novos possam se abrir.

Depois disso, envolvi-me em duas outras experiências profissionais. Uma delas, em uma empresa do ramo alimentício, quase em frente ao meu antigo trabalho. Fui contratada para atuar meio período na produção, embalando alguns produtos. Permaneci por cerca de um mês naquele local. Agradeço por esse novo rumo que o destino me proporcionou. Confesso que fiquei chateada por ter sido dispensada, mas as condições de trabalho lá não eram as melhores, e o ambiente não era confortável para mim.

Em seguida, fui convocada para uma missão. O pai de uma amiga minha, a Bruna, tinha uma padaria e, por estar passando por um momento difícil, queria vendê-la. Bruna me pediu para falar com ele, pois acreditava fortemente que não era necessário vender, mas sim fazer melhores investimentos no negócio. Ela queria que eu o convencesse a não vender. Nós estudávamos juntas e fazíamos Técnico em Administração, porém as minhas notas eram um pouco melhores que as dela. Eu também estudava sobre investimentos e tinha muito interesse no assunto.

Estava com 16 ou 17 anos. Pensando na história agora, nem acredito que tive a ousadia de me intrometer no negócio do pai dela e usar argumentos para convencê-lo de que aquele estabelecimento ainda poderia lhe gerar bons lucros. Aqui podemos sentir quão grande sempre foi minha paixão por negócios e como minha autoestima estava alta nessa época (*risos*).

Depois desse episódio, ele decidiu ficar mais alguns meses com a padaria; e eu fui encarregada de cuidar do financeiro para ajudar a buscar soluções. Eu saía da escola de manhã e ia direto à padaria com a minha amiga. Ficávamos lá o dia todo atendendo os clientes e cuidando do local, pois seu pai acordava bem cedo e tomava conta de manhã.

Tenho ótimas lembranças dessa época também. Estava no auge da adolescência, e a padaria, localizada no centro, em uma das ruas mais movimentadas da cidade, tornava divertido passar as tardes ali. Alguns dias, eu também dormia na casa da Bruna depois do trabalho. Nós não nos desgrudávamos.

Alguns meses depois, a padaria acabou sendo vendida. Recordo-me do dia em que chegamos para trabalhar e nos deparamos com muitas caixas espalhadas pelo estabelecimento. A venda acabara de ser concretizada com um familiar. Minha amiga e eu ficamos chocadas, pois ali tivemos a certeza de que era o fim. Creio que, na verdade, eles não estavam mais no momento de viver aquele negócio, e ninguém poderia fazer nada para mudar isso. E eu adquiri experiência auxiliando em alguns assuntos da padaria.

Nós ficamos muito tristes naquele dia, mas eu não imaginava a mensagem que iria receber no fim dele, indo para casa. Esperando o ônibus, recebi uma mensagem que me fez entender que nada na vida acontece por acaso, e ali eu entraria em um novo ciclo. A empresa em que eu trabalhara como jovem aprendiz me informava sobre a oportunidade de uma vaga e perguntava se eu teria interesse.

Interesse? Eu sonhava todos os dias em voltar a trabalhar lá. Foi a minha primeira experiência profissional – ótima experiência, por sinal. E eu sentia falta dos meus colegas de trabalho. Antes de receber essa oportunidade, lembro-me de que eu vinha rezando muito. Minha família não estava financeiramente bem, e eu queria muito ter a minha liberdade financeira, comprar as coisas que eu queria e tudo mais. Numa ocasião, fui até a igreja rezar na sacristia e peguei um papel que estava em cima de uma mesa. Havia uma prece que nos orientava a fazer um pedido e, em seguida, rezar por três dias para receber a graça. Focada em conseguir um novo emprego, depositei nessa oração toda a fé que tinha e que não tinha.

O papel está até hoje dentro da minha Bíblia, que fica sempre ao meu lado. Eu a abri para verificar em qual dia da oração eu parei, pois estava marcando todos os dias atrás do papel. Que surpresa! Eu fiz a oração por três dias. Tenho certeza de que você deve estar se perguntando: "Qual oração milagrosa é essa? Se eu rezar, também vou receber uma graça em três dias?". Eu acredito fortemente que o maior poder não está na oração, mas sim na sua fé (capacidade de visualizar a graça sendo recebida com os olhos da mente e do coração).

Use a câmera do seu celular para acessar o QR Code abaixo e visualizar a oração:

Já havia enviado vários currículos, então só dependia de uma empresa me chamar. Isso não estava sob meu controle, mas rezar sim. Iniciei essa jornada considerando que o auxílio na padaria da minha amiga representava uma oportunidade para permanecer em movimento até conseguir reintegrar-me ao mercado de trabalho.

Depois que recebi o contato da empresa, marcamos o dia da entrevista e fui até ela. Minha casa era de um lado da cidade; e o meu futuro emprego, do outro. Isso sempre foi um desafio para mim, mas não uma barreira ou qualquer coisa que me impedisse. A entrevista foi bem tranquila, e eu saí de lá com 50% de certeza de que seria contratada e 50% de certeza de que não seria, para não me decepcionar depois.

Eu acredito que a empresa tenha entrado em contato com ele para obter mais informações sobre mim e comunicar que efetivaria um dos membros do seu projeto. Não contei todos os detalhes aqui, e talvez não consiga evoluir para esse nível, mas houve uma história muito complexa para que o projeto da AMAG desse certo. No início, algumas empresas relutaram em contratar os jovens aprendizes, e algumas pessoas afirmaram que o projeto não teria sucesso (como toda grande ideia, se não há ninguém criticando, é porque ela não tem tanto potencial de crescimento assim). No entanto, hoje, olhando para trás, vejo o quão transformador foi esse projeto em nossas vidas, e isso se deve, em grande parte, à firmeza do Marcos em sua missão.

Eu imagino o orgulho desse homem quando recebeu a notícia de que a empresa iria me efetivar. Creio que tenha se sentido realizado por ver seu projeto e toda a sua ideia dando certo. Marcos estava transformando vidas.

Um novo ciclo se iniciou, e eu comecei a trabalhar em período integral na Fitaflex. O ano era 2017 e, ali, me vi diante de uma grande decisão. Eu estava estudando no período da manhã, cursando o último ano do Técnico em Administração, mas a empresa precisava que eu trabalhasse o dia todo. Para isso, eu teria de fazer uma transição: deixar o meu curso técnico e estudar à noite para finalizar o último ano do ensino médio. Desde o ano anterior, eu já vinha cogitando essa possibilidade porque estava à procura de um novo emprego e sabia que as chances de ser contratada para trabalhar meio período eram bem pequenas. Eu escolhi a prática!

O único motivo pelo qual cursei o Técnico em Administração no colégio era meu desejo de aprender sobre empresas e negócios, e conseguir trabalhar com isso. Quando recebi a proposta de emprego, não pensei duas vezes em parar o curso. Pode parecer loucura, mas não é! Entenda... Eu e minha mãe fomos ao colégio à noite para informar que eu desejava sair do Técnico em Administração e me matricular no ensino "normal" para concluí-lo à noite. Certamente, a coordenação considerou minha decisão um absurdo e afirmou: "Conclua o curso, e quando tiver o seu diploma, então vá até a empresa e peça uma oportunidade".

Eu tinha 17 anos e já sabia que não era bem assim que as coisas funcionavam. Para atingir o sucesso profissional, além do conhecimento técnico, você precisa de habilidades desenvolvidas por meio da experiência. Eu estava estudando para ter experiência, o diploma pelo diploma não tinha um peso maior que esse. Não me arrependo de ter tomado essa decisão, só Deus sabe o quanto eu orei para poder voltar a trabalhar naquela empresa e receber outras oportunidades. Eu estava no momento certo e na hora certa.

Não foi uma decisão fácil, mas eu fiz o que precisava ser feito. O objetivo de estudar era me qualificar para conseguir entrar no mercado de trabalho, adquirir experiência, crescer profissionalmente e construir a vida que eu queria viver. A oportunidade bateu à minha porta, e eu a agarrei. O lado ruim de tudo isso foi ter que me separar dos meus amigos; estávamos estudando juntos já havia quatro anos.

Não poderia deixar de colocar uma foto da época da escola aqui, já que vivemos tantos anos da nossa vida dentro da sala de aula. Hoje, eu trabalho em casa. No exato momento em que escrevo este trecho, são 5h01 da manhã, dia 15 de junho de 2023, e eu estou debaixo das cobertas, mas nem sempre foi assim. Eu saía entre 6h50 e 7h de casa, com uma bolsa nas costas, o caderno e os livros da escola e minha marmita para almoçar. Chegava em casa às 22h30; detalhe: de bicicleta. Tenho um conforto muito maior do que eu tinha antes, trabalho em casa e faço meus horários, me alimento muito bem e tenho tempo para cuidar da minha saúde física.

Quando fui efetivada na Fitaflex em período integral, vi-me diante de um grande desafio. Um pouco maior do que esperava. Tive o prazer de ocupar uma vaga no setor de Planejamento, Programação e Controle da Produção (PPCP). Nesse setor, eram amplamente utilizadas planilhas para

Eu, no segundo ano do técnico de administração, no Colégio Estadual Vera Cruz, 2015.

cálculos e controle de pedidos, produtividade das máquinas, entre outros. Não se resumia apenas a cálculos; também envolvia raciocínio lógico e domínio do Excel, requisitos essenciais para realizar um bom trabalho nessa área. Logo, matriculei-me em um curso de Excel na cidade. Mesmo assim, senti o receio de talvez não estar suficientemente qualificada para acompanhar o raciocínio exigido pela profissão. Afinal, trabalhava com pessoas muito inteligentes, de raciocínio ágil e habilidades matemáticas afiadas. Inicialmente, temi não ser capaz, mas, ao longo do tempo, o que parecia ser um "bicho de sete cabeças" tornou-se algo fácil de lidar.

Talvez, hoje, você esteja enfrentando um momento semelhante em seu negócio, lidando com algo novo e sentindo medo, com a sensação de que não vai dar conta. Calma! O desconhecido assusta, mas nada melhor do que uma boa dose de repetição diária para o desconhecido se tornar o seu melhor amigo. Mas não se engane: quando tudo estiver fácil demais, chegou a hora de buscar um novo desafio.

Foi exatamente isso que aconteceu comigo em meu novo emprego. Ao ingressar, meu registro na carteira indicava a função de assistente administrativo. Após três anos de dedicação, comecei a perceber claramente que estava assumindo as responsabilidades de um analista de PPCP no setor em que atuava. Embora ainda não tivesse alcançado totalmente esse patamar, acredito que dei um passo significativo. Meu trabalho era no setor de produção de elásticos personalizados, onde a fábrica gerava, pelo menos, 2 ou 3 milhões de metros mensais.

Minha tarefa envolvia gerenciar a capacidade de produção das máquinas, acessar diariamente o sistema para revisar todos os pedidos do setor comercial, analisar a disponibilidade da produção e os estoques de matérias-primas, estabelecer prazos de entrega, imprimir os pedidos e criar a ordem de produção em linguagem de carretéis. Isso possibilitava à produção urdir os fios conforme cada especificação de pedido e cor, e então iniciar as máquinas. Durante o processo de produção, era necessário analisar diariamente, pela manhã, a produtividade real das máquinas. Por vezes, eu estimava que um pedido levaria dez dias para ser concluído, mas era produzido em seis devido à alta produtividade. Ou, ao contrário, podia ocorrer algum problema com a máquina, fazendo com que o pedido levasse mais tempo para ser finalizado.

Eu não poderia deixar de falar aqui do meu gestor, o Nelson Costa. Foi ele quem trouxe o setor de PPCP para a empresa, tudo era muito recente. Nelson é uma pessoa de extrema inteligência, mas não é essa inteligência normal que lhe vem à cabeça quando eu digo. É uma inteligência surreal, principalmente para fazer cálculos. Com ele desenvolvi muito as habilidades de planejar, trabalhar com planilhas, fazer cálculos, fortalecer o raciocínio lógico e negociar. Sou muito grata pela presença dele em minha vida, pude aprender tanto! E garanto que esse aprendizado extrapola a habilidade de trabalhar com números e fazer cálculos.

Também quero citar aqui o nome de uma pessoa com quem passei um bom tempo dividindo a sala e que me ensinou muitas coisas, o Dhiogo Fernandes. Ele foi o gerente de produção da unidade de elástico, na qual eu trabalhava. Aprendi muito com ele, principalmente sobre estratégia. Nosso objetivo, juntos, era elaborar uma programação de produção de maneira que atendesse os prazos de entrega e necessidade dos clientes, trazendo, ao mesmo tempo, produtividade e rendimento para a produção. Trabalhei com o Dhiogo desde quando era jovem aprendiz, e ele faz parte do meu desenvolvimento como profissional de forma grandiosa.

Fazendo esse mergulho na minha história, percebo o quanto é importante termos pessoas "acima" de nós, capazes de corrigir os nossos erros, com quem possamos aprender. Se há uma coisa que sempre falo como mentora é: quadro dentro da moldura não vê toda a escultura. Ter uma pessoa para poder te guiar na sua jornada é obrigatório se você quiser ter um crescimento exponencial. O conhecimento que já temos nos fez chegar até aqui. Se desejamos ir para o próximo nível, precisamos de um conhecimento de fora, e é necessário levar uns "puxões de orelha" às vezes.

Meu crescimento profissional na Fitaflex é um excelente exemplo que confirma essa trajetória. Não foi uma jornada simples; envolvia muitas horas extras, lidava com a pressão do setor comercial, que buscava atender à urgência dos clientes, e a pressão da produção, demandando não apenas cumprir prazos, mas também garantir eficiência. Minha atividade principal era altamente complexa, gerenciando dados relacionados a elásticos personalizados, um material intricado. Executava muitas atividades manuais e, dada a natureza da minha função, o erro fazia parte do processo, com prejuízos consideráveis. Assim, saber gerenciar as emoções tornou-se um fator crucial para a sobrevivência.

Entretanto, ao longo do tempo, cresci, e três anos depois, tinha um domínio excepcional do que fazia. Desenvolvi confiança, visibilidade, autoridade e respeito. Gostaria de mencionar muitos colegas de trabalho que foram parte fundamental desse processo, mas o que posso expressar aqui é minha imensa gratidão a todos. Ah... E há algo que eu não posso deixar de dizer: como pedi demissão da empresa e como foi o meu encerramento.

No meu primeiro ano como funcionária efetiva, pude compreender um pouco mais sobre o ambiente organizacional. Desde quando trabalhava como jovem aprendiz, estava inserida no meio administrativo. Depois, ao começar a atuar em período integral, passei ainda mais tempo nesse setor, dessa vez, exclusivamente junto à gerência de produção. Estava muito feliz e grata pela oportunidade de aprender, me desenvolver e construir minha vida. No entanto havia algumas coisas nesse ambiente que não me agradavam, e o problema não era a empresa; muito pelo contrário, a questão residia no sistema organizacional em si. A maneira como as pessoas competiam e a abordagem para buscar recompensas não eram, sinceramente, o estilo de vida que eu desejava para os anos seguintes.

    Eu sentia que poderia ser mais recompensada pelo que eu fazia e pelo comportamento que eu tinha. Eu também tenho clareza, desde que me conheço por gente, de que eu conquistaria a vida dos meus sonhos sendo dona de uma empresa, e não funcionária. Após aproximadamente um ano e meio imersa no ambiente organizacional em período integral, comecei a sentir insatisfação em relação à quantidade de dinheiro que estava ganhando e ao tempo disponível para viver minha vida. Nesse período, já havia concluído o ensino médio – uma grande conquista! Hoje, ao olhar para trás, recordo-me de voltar para casa às 22h20, de bicicleta, sozinha, no bairro escuro onde morava, e quase não consigo acreditar que fiz isso. Pela manhã, atravessava a cidade com uma mochila nas costas, contendo os livros escolares, minha marmita de almoço e uma blusa para trocar pela camisa do trabalho, chegando em casa somente às 22h30 para dormir e repetir o ciclo no dia seguinte às 7h. Foi uma das jornadas mais árduas da minha vida, mas a superei com êxito, afinal, tinha feito uma escolha consciente e sabia para onde essa escolha me levaria.

    Quando comecei a me sentir insatisfeita, iniciei uma pesquisa na internet sobre uma forma de fazer dinheiro extra, mas em casa, pois eu não tinha tempo, já que trabalhava longe. Pesquisando, descobri uma plataforma chamada Monetizze. Via imagens de saldos bancários altíssimos de pessoas que tinham acesso à plataforma. Pesquisando mais a fundo, entendi que poderia vender produtos e ganhar comissões sem precisar sair de casa. Foi aqui que eu conheci o marketing digital e fiquei encantada com o estilo de vida que trabalhar nessa indústria proporciona.

    Comecei a estudar, pesquisar mais, e o primeiro produto que eu comecei a promover era uma chapinha. Eu estava encantada com o fato de poder vender on-line produtos que não eram meus. Eu não precisava me preocupar com a entrega para o cliente, era só divulgar meu link e receber uma boa comissão por isso. Eu tinha certeza de que iria ganhar muito dinheiro, mas não foi bem assim que as coisas aconteceram no início. Comecei a divulgar o link, e nada! Então eu continuei estudando e tentando, até que um dia, quando já estava quase desistindo, vi uma publicação em um grupo de Facebook que tocou o meu coração de uma forma diferente. Tinha um rapaz me convidando para conhecer um projeto, e eu fui ver o que era.

Ao assistir ao vídeo, tive meu primeiro contato com o Grupo Big Boss, uma empresa que reacendeu minha esperança e abriu diversas oportunidades no ambiente digital. Foi fundada pelo casal Jader Domingues e Juliana Foletto, ambos empreendedores e nômades digitais que prosperam financeiramente on-line enquanto exploram o mundo. O nascimento do Grupo Big Boss foi impulsionado pelo desejo de Jader de auxiliar o maior número possível de pessoas a ganhar dinheiro na internet e desfrutar da melhor vida possível.

Ao participar do treinamento gratuito que recebi, conectei-me com a visão de mundo deles e vislumbrei uma oportunidade de empreender e transformar meu estilo de vida. Antes de encontrar o Grupo Big Boss, meu plano era permanecer na empresa por cerca de cinco anos e, em seguida, utilizar os recursos para investir em um negócio. Eu não sabia exatamente o que queria fazer, apenas que desejava empreender. Ao assistir ao vídeo do Grupo Big Boss, percebi não apenas a oportunidade de ter meu próprio negócio e gerar mais renda, mas também a chance de adotar um estilo de vida diferente. E o melhor de tudo: precisei investir apenas R$ 150 para dar esse salto para o próximo nível.

Pois é, o digital é maravilhoso!

Quando surgiu essa oportunidade de investir, não dispunha de dinheiro extra. Decidi alocar os R$ 150 que havia reservado para a consulta anual ao oftalmologista. Foi uma decisão significativa que exigiu um comprometimento forte. Estabeleci comigo mesma a meta de reembolsar esse montante em trinta dias, pois, no próximo mês, não teria novamente R$ 150 disponíveis para esse fim.

Comprometida com a meta, entrei no projeto, participei das aulas e, trinta dias após começar a aplicar as estratégias, realizei minha primeira venda no valor de R$ 149, recebendo aproximadamente R$ 121 de comissão. Dito e feito! Quando vi a notificação de comissão no meu celular, era um sábado, e eu tinha acabado de chegar em casa de uma festa junina. Experimentei uma felicidade inexplicável! Meu coração sussurrava: "Vai, Bruna, investe nisso e continua, porque funciona". Foi assim que minha paixão por investir em conhecimento começou a crescer.

Passei meses tentando vender um produto, assistindo aos vídeos no YouTube com estratégias das quais só conhecia uma parte, sem compreender o sistema inteiro. Somente após investir em um projeto e ter acesso a um passo a passo completo, os resultados começaram a se concretizar. Uma grande lição que tiramos daqui é: invista em conhecimento, ele sempre rende os melhores juros.

Depois dessa primeira venda, minha jornada começou, de fato, nesse mercado. Não passava um dia sequer sem pensar no momento em que conseguiria realizar muitas vendas, alcançar grande prosperidade e conquistar minha liberdade. Após minha primeira venda, levei cerca de trinta dias, novamente, para concretizar a segunda. Ao refletir sobre minha jornada até hoje, comparando o meu conhecimento atual do processo agora e o que tinha naquela época, percebo que a primeira venda foi uma bênção enviada por Deus para me impedir de desistir. Naquela fase, eu precisava compreender muitos aspectos sobre marketing e vendas. Afinal, eu ainda acreditava que habilidades de vendas eram um dom, e que eu não era boa nisso (entendeu por que levei trinta dias para fazer minha segunda venda?).

Do dia 13 de junho de 2019 até o fim do mesmo ano, engatinhei nesse mercado. Em janeiro de 2020, alguém me enxergou e me proporcionou uma imensa oportunidade: Patrícia Paulino. Eu a conheci na comunidade do Grupo Big Boss. Em uma de nossas conversas, ela me apresentou um projeto que havia lançado recentemente: uma mentoria profissional de Formação de Mentores. Nesse programa, desenvolvemos um processo de mentoria, conforme nossa expertise, utilizando a Dinâmica do Spiral como base. Essa teoria, criada por Clare W. Graves e recentemente desenvolvida por seus seguidores, Don Beck e Chris Cowan, explora os níveis de consciência dos seres humanos, como agem e seus sistemas de valores. Dessa forma, conseguimos compreender sua motivação e orientá--los no caminho do crescimento.

Ao passar por esse processo, cresci um ano em trinta dias. A metodologia dessa ferramenta contém os ingredientes essenciais para nos impulsionar, e sempre que agimos na direção certa, os resultados são positivos, especialmente quando o mentor que nos guia tem uma visão acima da média.

Durante essa mentoria, participei de todas as aulas, executei todas as tarefas necessárias, gravei meu primeiro vídeo na internet, fiz minha primeira transmissão ao vivo e lancei meu primeiro produto, embora não tenha conseguido vendê-lo. Naquela época, ainda não havia passado por experiências suficientes para entregar os resultados que almejava para outras pessoas. Estava muito insegura, então não vendi a mentoria. Embora tivesse preparado tudo, desde o plano de aula até a página de vendas, decidi retornar ao projeto do Grupo Big Boss, utilizando a estrutura deles para aprender a vender mais e, posteriormente, ensinar esse processo aos outros. E assim, dei continuidade. Aprendi muito com o grupo ao longo de 2020, obtendo resultados significativos não apenas financeiros, mas também crescimento pessoal e profissional.

Eu passei o ano todo com um pé no trabalho e na faculdade, e o outro nesse mercado. Fiquei o ano todo sonhando com o momento em que eu teria resultados expressivos de vendas, assim como os meus amigos do grupo tinham. Nos meus planos, eu faria um bom faturamento na internet primeiro e depois largaria meu emprego para viver desse mercado. Realizar meu sonho de ter meu próprio negócio e ser livre. Só que eu estava vendo que isso era um sonho quase que impossível, pois eu procrastinava muitas coisas e dava a desculpa, para mim mesma, de que eu tinha pouco tempo para me dedicar.

De fato, imagine: sair de casa às 7h (e, quando tinha que fazer horas extras, saía ainda mais cedo), retornar após as 18h e frequentar a faculdade à noite. Realmente, meu tempo era limitado. Utilizava o horário de almoço e os fins de semana, mas tinha consciência de que deixava de fazer muitas coisas porque

NA EMPRESA FITAFLEX, ONDE GRAVEI MEU PRIMEIRO VÍDEO PARA A INTERNET, 2020.

tinha uma renda já garantida. Então, permitia que medo, insegurança e indisciplina falassem mais alto.

Sei que a qualidade da imagem ao lado não é das melhores, mas este print é do primeiro vídeo que postei na internet. Eu estava dentro do banheiro da empresa, na hora do almoço. Hoje, gravo um vídeo com o "pé nas costas", mas você não pode imaginar o quão desafiador foi dar esse passo naquela época. Então, eu estabeleci um prazo: 31 de dezembro de 2020. Esse foi o prazo que me dei para sair do emprego e viver do mercado digital. É impressionante como a nossa mente funciona. Depois de me impor esse prazo, comecei a enxergar muitos motivos para seguir em frente. Eu realmente havia tomado uma decisão.

Dentro do projeto de que eu participava, surgiu a oportunidade de ter uma agência prestando serviços de captação de clientes. Vi nisso uma grande oportunidade de obter uma boa renda, vivendo e trabalhando exclusivamente nisso. Nessa época, meu noivo também começava a considerar maneiras diferentes de gerar renda, indo além do seu trabalho convencional. Assim, vendi para ele a ideia da agência, para trabalharmos juntos e alcançarmos um estilo de vida diferente. Embora essa ideia não tenha evoluído em termos de vendas, ela nos ensinou muitas coisas e, alguns meses depois, nos encorajou a pedir demissão dos nossos empregos.

O projeto de que eu estava participando no digital evoluiu sua estrutura, tornando-se uma franquia. Ou seja, a empresa estava nos disponibilizando sua estrutura, com as estratégias prontas e os produtos com excelentes comissões e de alta conversão para promovermos. Como eu já participava do projeto desde 2019, acompanhei toda sua evolução, e tudo que eu mais queria era fazer parte do que eles estavam fazendo. O fato de que teria produtos que me pagariam R$ 38,80, R$ 248,50, R$ 748,50, R$ 1.450 e R$ 2 mil de comissão deu-me segurança e me encorajou a tomar uma decisão, pois na época minha carteira de trabalho era registrada com, aproximadamente, R$ 1.248. Ou seja, com poucas vendas dos produtos da franquia eu já conseguiria, pelo menos, esse valor, mas é claro que eu queria mais!

Recordo-me de um dia em que conversava com uma colega de trabalho, durante o intervalo do almoço. Ela mencionou que o nosso salário era o menor da empresa. Nesse momento, senti uma frustração tão intensa que peguei o celular imediatamente e chamei o meu chefe para conversar. Já havia decidido largar o emprego, mas ainda não tinha reunido coragem para falar com ele, afinal, não tinha muitos motivos de queixa em relação ao trabalho que desempenhava. No setor, eu era a única responsável pelo que fazia. Minha insatisfação era, como ocorre com a maioria das pessoas, a sensação de não ser remunerada e reconhecida na mesma medida dos meus esforços. Nunca tive interesse em pedir aumento de salário, pois observava esse processo com frequência e percebia que demandava muito esforço para pouco resultado.

E assim, intensificou-se a jornada para a construção de uma nova vida. Cerca de 45 dias após essa decisão, em 23 novembro de 2020, lá estava eu com a minha tão sonhada liberdade. Confesso que senti um belo frio na barriga ao deixar a empresa. Uma voz sussurrou no meu ouvido: "Bruna, agora você não tem mais um chefe para se responsabilizar por você nem um salário garantido todo quinto dia útil do mês". No instante seguinte, reverti esse pensamento: "Mas temos tempo, ferramentas e o mercado digital para nos levar para o próximo nível".

Dias depois (talvez uma semana desde o dia em que me desliguei da empresa), estava participando de uma estratégia quando recebi uma comissão de R$ 2.048,50. Em outras palavras, com apenas uma venda, faturei mais do que o antigo salário que recebia. Foi um dos dias mais felizes da minha vida, uma confirmação de que eu tinha tomado a decisão correta. Essa

HOMENAGEM QUE RECEBI NO MEU ÚLTIMO DIA DE TRABALHO, 2020.

notificação de venda tranquilizou meu coração naquele momento, pois havia duas chamas ardendo dentro de mim: a chama do desejo de crescimento e evolução, e a chama de insegurança, que pensava: "Será que as coisas vão acontecer no tempo certo?".

E seguimos... Desde então, é só crescimento atrás de crescimento. Meu faturamento foi aumentando mês após mês. Foram conquistas, realizações, desafios, incertezas, estudos, dedicação, muito trabalho, estratégia, disciplina, vendas, lançamentos, altas comissões, destaque, reconhecimento, entrevistas, formei uma equipe de franqueados etc. Nove meses depois, tive a oportunidade e a demanda para lançar um curso, o meu primeiro curso on-line: 49 alunos em 48 horas!

Ah, e eu não posso deixar de mencionar que eu nunca, NUNCA estive sozinha. Deus ilumina e abençoa meu caminho desde que eu nasci. Minha mãe me proporcionou toda a base, suporte, apoio, sustento e educação para construir a pessoa que eu sou hoje, e meu noivo, Rafael, é o meu companheiro de vida. Sempre me apoiou e moveu montanhas para me ajudar a realizar os meus sonhos. Todo resultado que eu tenho hoje não é só meu, é nosso. Em 2024, completamos sete anos juntos, período em que aprendemos e crescemos muito. Só tenho a agradecer a Deus por tê-lo enviado para minha vida.

Percebi agora que falei pouco do meu noivo por aqui. Em 2017, quando começamos a namorar, ele se tornou tão parte da minha vida, que tudo que eu vivia, ele vivia também. Sim, nós começamos a namorar bem na época em que fui efetivada na Fitaflex. Você não vai acreditar, mas fui contratada quase um mês depois dele e trabalhávamos na mesma unidade. Ele na produção, e eu no administrativo.

Pode acreditar, mas humanamente não teve nada "armado", era apenas obra do destino mesmo. A gente se conheceu pelo Facebook, assim como eu conheci os outros pares de namorados que tive por essa rede social. Nossa, como o Facebook fez parte da minha história... Foi muito bom trabalhar na mesma empresa que meu noivo. Eu, sempre muito profissional, na empresa, para mim, ele era quase um estranho. Claro que rolava uma troca de olhares, algumas risadas, mas nunca dei motivo para alguém duvidar do meu comportamento profissional, nem ele.

Com o decorrer do nosso relacionamento, ele começou a me buscar em casa e me levar embora do serviço todos os dias de moto, já que estávamos fazendo quase os mesmos horários. Os dias de glória chegaram, e eu não precisava mais atravessar a cidade de bicicleta. O Rafael sempre me tratou como uma verdadeira princesa, porque ele foi criado como um príncipe. Um rapaz sempre muito educado, gentil e bondoso. Qualquer coisa que eu falar dele ainda será pouco. Eu precisaria de mais um livro para contar todas as histórias que a gente viveu e tudo que a gente ainda deseja, e vai, viver. Nós compramos o nosso primeiro carro, juntos. Muitas pessoas falaram que não ia dar certo, mas deu. Quando fiz 18 anos e tirei minha carteira, comecei a ir trabalhar de carro e, assim, ele não precisava mais ficar me buscando e me carregando para cima e para baixo. Não que isso fosse um problema para ele ou para mim. Eu adorava os bombons que ele comprava quando ia abastecer a moto.

Com minha mãe, meu padrasto e meu irmão, na festa de aniversário de 15 anos da minha irmã, 2020.

Eu e meu noivo, Rafael, em Campo Largo, 2020.

Deus me abençoou com uma base tão forte que, graças a ela, eu sou quem sou hoje. Na página anterior, você vê meu noivo, minha mãe, meu padrasto e meus irmãos. E aqui ao lado, eu e minha querida avó. São as pessoas com quem mais vivenciei momentos intensos. Claro que existem centenas de pessoas especiais na minha vida e que me ajudaram muito. Tios, primos... Meu coração vibra para falar de cada um deles e de todos os momentos, seria perfeito. Mas, dificilmente, este capítulo se encerraria e chegaria até você. Neste momento, só consigo sentir gratidão.

Eu e minha avó materna, no meu aniversário, 2020.

Em 2022, passei por um processo de mentoria superintenso que resultou em um dos maiores movimentos que já fiz na minha vida: mudar de cidade e vir para Maringá. Já estava nos meus planos realizar esse projeto, mas era para o próximo ano, e no fim dele. No entanto, assim que percebi que era possível tomar essa decisão antes, construí oportunidades para que isso acontecesse. Maringá é a minha cidade dos sonhos. Desde que me conheço por gente, eu vinha para cá passear. Também sempre sonhei em morar em um apartamento. Me arrepia, hoje, quando vejo que consegui sair da vila e estou morando no centro da cidade, no 19º andar.

Minha vida mudou demais quando mudei de cidade, pois aqui é outra atmosfera. A maior mudança aconteceu na última semana de dezembro de 2022, quando tiramos do papel uma ideia que era um desejo fortíssimo que tínhamos no coração: abrir um negócio no ramo da alimentação.

Eu e o Rafael gostamos muito de nos alimentar bem e experimentar novos sabores. Em 2022, começamos a observar os negócios na área, e, cá entre nós, aconteça o que acontecer, ninguém para de se alimentar. Então, nós conversamos sobre ter um negócio nesse ramo, mas eu acreditava que isso iria demorar muito. No entanto, em dezembro de 2022, durante um processo profundo de mentoria pelo qual passei, chegamos juntos à decisão de trabalhar com mais uma fonte de renda, dessa vez no nicho de alimentação, e foi aí que surgiu a Perazza Padaria Delivery e mais uma oportunidade de subirmos de nível, nos reinventarmos e desenvolvermos novas habilidades.

A Mentoria Negócios Abundantes é o programa mais *premium* que tenho em www.geracaoabundante.com.br, desenvolvido em 2020, quando concluí minha formação como mentora profissional e me capacitei para utilizar a dinâmica do Spiral. Essa mentoria utiliza minha experiência prática, as ações que apliquei para alcançar meus resultados, aliadas a uma metodologia científica baseada em 50 anos de estudos de psicólogos e neurocientistas. Esse programa impactou positivamente a vida de muitas pessoas, focando em ajudá-las a desenvolver as habilidades necessárias para gerenciar e alcançar os resultados desejados.

Eu acredito que a ponte entre o resultado que você tem hoje e o resultado que você deseja atingir é formada pelo conhecimento e pelas habilidades que você não tem e precisa refinar. Nesse processo, eu guio pessoas de forma individual por 90 ou 180 dias, em um grupo, por meio de quatro pilares: planejamento, posicionamento, estratégias e vendas. Nos próximos parágrafos, vou recomendar uma ferramenta para você aplicar agora no seu negócio, dentro de cada um desses pilares, se você já tem um ou vai começar a empreender.

Primeiro pilar – Planejamento

Ao refletirmos sobre a complexidade dos eventos que se desdobram dentro e fora de nosso corpo, como o coração bombeando sangue pelas veias, os pulmões absorvendo oxigênio, o estômago realizando a digestão do bolo alimentar, entre outros processos internos; e eventos externos, como buzinas no trânsito, o choro de uma criança na casa vizinha, a música de fundo no YouTube e as notificações incessantes no celular, somos confrontados com a intensidade de tudo que ocorre simultaneamente.

Diante dessa multiplicidade de estímulos, nosso cérebro, com sua energia limitada, não consegue processar minuciosamente cada informação. Portanto é vital gerir com cautela como utilizamos essa energia. Tentar dedicar atenção a tudo pode resultar em sobrecarga. Para otimizar o uso da energia cerebral de maneira inteligente, a primeira medida a ser tomada é estabelecer uma rotina. Para mim, rotina não significa confinamento, mas sim uma abordagem inteligente para gerenciar o recurso mais valioso de todos: o tempo. Cada dia não representa apenas mais uma unidade de tempo, é também um dia a menos de vida. Pessoalmente, não desejo adiar a busca por uma vida plena para uma segunda oportunidade que talvez nunca chegue.

Como administrar o tempo de forma inteligente usando o poder da rotina?

Agenda e planilha. Vou deixar no QR Code a seguir o acesso a uma planilha para você organizar a sua semana. A ideia é você tirar um dia e fazer o seu planejamento com horário e maneiras inteligentes de fazer as coisas necessárias. A nossa vida é composta de áreas, e eu acredito que o sucesso acontece quando conseguimos equilibrá-las.

No QR code a seguir, vou compartilhar também o acesso a um site que explica como criar a "roda da vida". Isso vai permitir que você faça uma análise abrangente da sua vida e identifique áreas que precisam de melhoria. Com essa visão clara, será mais fácil estabelecer uma rotina semanal que contribua para o seu crescimento. Lembre-se: não é preciso dar conta de tudo, mas sim focar o necessário. Essas duas ferramentas vão te ajudar a visualizar claramente o que precisa ser feito agora.

Segundo pilar – Posicionamento

Posicionamento é percepção! Todos buscamos resultados, desejamos ser excelentes no que fazemos, mas, durante minha jornada, compreendi algo essencial. Não basta SER bom; é necessário PARECER bom. Convido você agora a refletir sobre o seu posicionamento. As pessoas percebem você da forma como você realmente é? Sua imagem e seu comportamento estão alinhados com a mensagem que deseja transmitir? Se as respostas forem negativas, convido-o a olhar para dentro e se questionar: quem sou eu? Quais são os meus valores? Qual é o meu diferencial? A partir disso, analise quais imagens e comportamentos comunicarão sua essência. Lembre-se: não é suficiente SER bom; é crucial PARECER bom!

Terceiro pilar – Estratégia

Estratégia é um caminho organizado para alcançar um objetivo específico. Considero as principais habilidades de uma estratégia a análise e a capacidade de projetar o futuro com base em dados e hipóteses. Sempre destaco para meus mentorados, quando estão desenvolvendo uma estratégia de vendas: a venda precisa acontecer primeiro na sua mente. Se você consegue visualizar algo, e no papel o objetivo está claro, há grandes chances de se concretizar na prática. Para mim, estratégia é isso. Em vez de esperar passivamente que as coisas aconteçam, devemos agir de forma intencional, realizando o que é necessário para concluir o objetivo desejado.

Quarto pilar – Vendas

Ah, esse pilar é um assunto fascinante, poderíamos passar horas conversando sobre ele, mas meu principal objetivo aqui é trazer o essencial, o 80/20: 20% do meu conhecimento que resultarão em 80% dos benefícios para você. Primeiro, vendas não é um dom; é uma habilidade totalmente treinável. Quer vender muito? Tenha confiança no que você vende e seja apaixonada pelo seu produto. Esse tópico, por si só, já faz diferença. Pode parecer simples, mas a realidade é que pessoas que vendem pouco geralmente não confiam em si mesmas e/ou não têm confiança no seu produto.

Vendas, para mim, é proporcionar algo que cause uma transformação na vida do outro. É a transferência do sentimento da certeza! Mas que certeza, Bruna? A certeza em você, no produto/serviço e na empresa. Note que a certeza é um sentimento. Aqui reside o poder das vendas, pois as pessoas compram com base na emoção e justificam com a razão. Se você está vendendo e tem certeza nos três pontos que mencionei (produto/serviço, você e empresa), não precisa de técnicas; a pessoa apaixonada transparece com brilho nos olhos, sorriso no rosto e congruência nas ações.

Esse é o 80/20 das vendas: a certeza, a paixão. Bruna, mas vendas não é técnica? Sim, é sim. Mas de que adianta a técnica se você não conhece e confia no que vende? As pessoas notariam facilmente a incongruência. Palavras bonitas não convencem, o que convence é a emoção. Então, minha orientação é que você responda às seguintes perguntas:

- Qual é o meu produto?
- Quem é o meu cliente?
- Qual é a transformação que o meu produto gera?
- Como o meu cliente está agora e como ele estará quando comprar o meu produto?

Respostas para essas perguntas e muita disposição para fazer acontecer vão te ajudar a ter resultados inimagináveis. O QR code a seguir leva você até uma página com os meus principais cursos e treinamentos para começar, caso deseje aprofundar e acessar um próximo nível.

Mulheres inteligentes investem em conhecimento porque sabem que conhecimento é poder.

TRABALHANDO DE CASA, 2023.

Cristina Martins

Primeiro ano escolar, Echaporã, 1970.

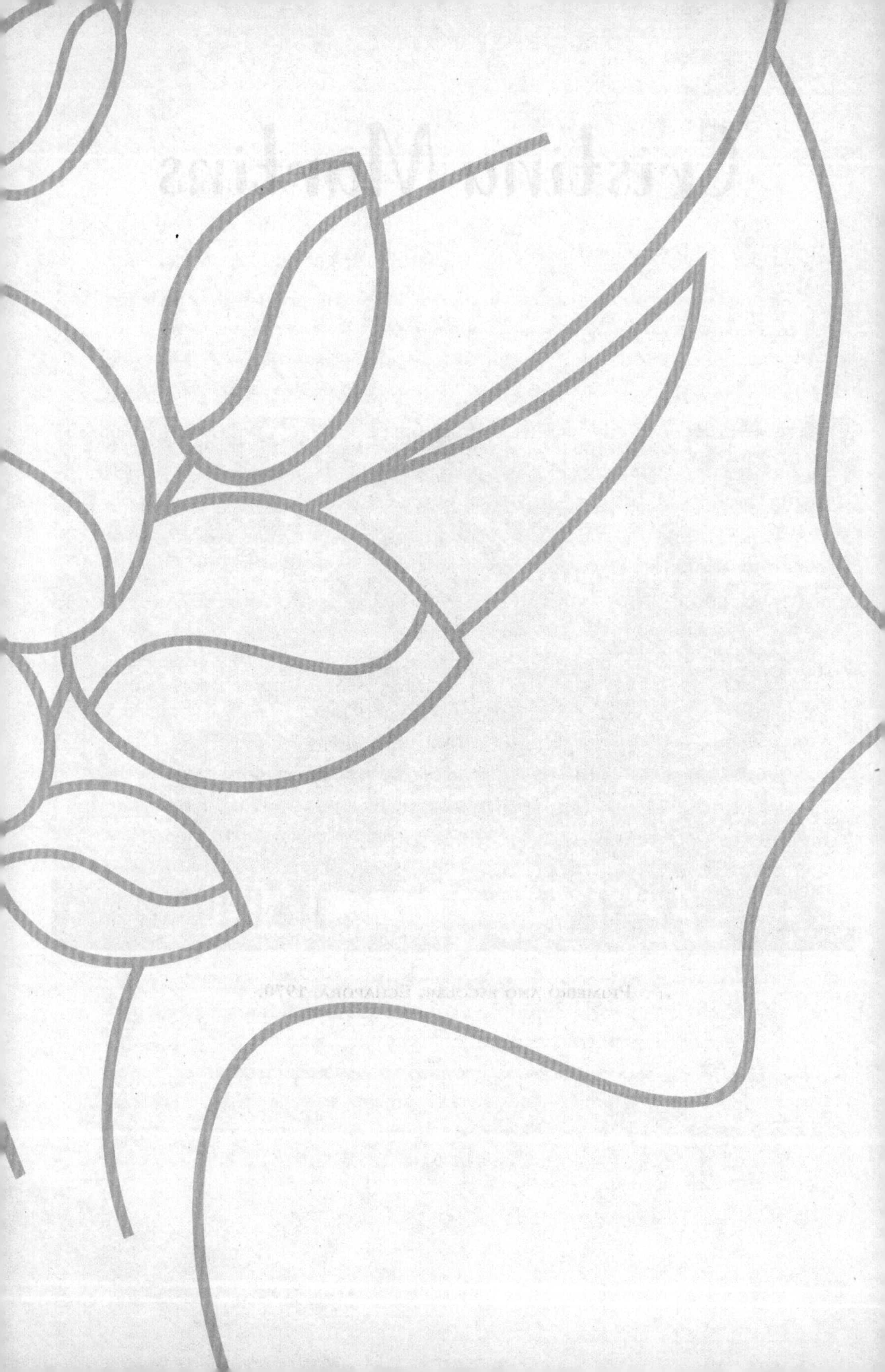

CARTA PARA A CRIANÇA
Cristina

Ei, pimpolha de sorriso fácil e simpático! Você tem quase 8 anos de idade e está começando a vida escolar. Eu sou você, brindando os meus 60 anos. Menina, por quanta coisa você vai passar depois dessa foto! Mas saiba que será exatamente o seu amor pela escola e pelos estudos que vai te dar a oportunidade de uma vida cheia de realizações e de muito sucesso!

Pimpolha, embora você já esteja sentindo isso, entenda que a sua grande luta interior será sobreviver à mãe narcisista patológica. Infelizmente, enquanto você estiver perto, ela vai te colocar contra seus irmãos e pai, e os colocará contra você. Para ela, você é desajeitada, seus cabelos são ressecados, anda como uma pata e não sabe fazer direito nenhum trabalho doméstico. Nas refeições em família, ela vai precisar dizer ao seu pai que você é "um monte" e que não limpou a casa direito. Por alguma coisa pequena, sua mãe vai fazer grandes escândalos e, muitas vezes, vai se trancar no quarto. Em muitas ocasiões, ela vai dizer que irá se matar e que você será a culpada. Menina, isso vai doer! Mas tenha esperança: você vai dar um jeito de sair desse ambiente! E será a escola, que você tanto ama, que vai lhe dar essa oportunidade.

Profissionalmente, você chegará ao topo. Logo no começo de sua vida profissional, você será convidada a dar palestras em congressos nacionais e, depois, internacionais. Sim, você conhecerá muitas cidades e países por meio de seu sucesso profissional. Conhecerá pessoas incríveis, que dirão que você é uma inspiração para elas. Aprenderá uma nova língua e irá morar e estudar fora do Brasil, como sempre sonhou. Você irá escrever diversos livros, profissionais e para leigos, com foco na sua profissão. Além de trabalhar com pesquisa, você atenderá pacientes e vai, com muita eficácia, oferecer esperança e soluções para as angústias deles.

Você também será empresária. Aliás, até aqui, você terá três empresas. Nessa área, você vai lidar com grandes desafios. Nem tudo serão flores, e se prepare: você irá à falência duas vezes! Mas, pimpolha, o que mais você saberá será se levantar depois de uma queda. Você subirá novamente, sempre melhor que antes. Com 60 anos, você já terá vendido uma empresa, estará em negociação para a venda de outra e vai se manter com a terceira, que é a mais tranquila de todas.

Você não será rica, pois isso nunca foi seu objetivo. Mas quando entrar na terceira idade, você terá liberdade financeira e poderá optar por não trabalhar mais.

Pimpolha, aos 14 anos, devido à acne extrema e aos pelos crescendo exageradamente em seu corpo e sua face, você fará exames, e um médico lhe dirá que um dos seus ovários tem o dobro do tamanho do outro e que você tem ovário policístico. O médico também dirá que você não poderá ser mãe biológica. Bom, você vai se conformar e, embora tenha momentos com pensamentos de vitimização, vai lidar bem com isso. Porém, na vida adulta, perto dos 30 anos, você vai descobrir que o diagnóstico estava errado. Você não tem ovários policísticos, mas a deficiência de uma enzima que altera a produção de hormônios sexuais. É um problema hereditário. Mas, provavelmente, também não seja possível que você engravide. Enfim, isso já não irá importar para você. Mas o destino vai lhe trazer surpresas, ou seriam milagres? Aos 35 anos você irá engravidar de seu primeiro filho e, aos quase 39, terá o segundo. Serão dois meninos lindos e saudáveis! E você será louca por eles! A vida tem dessas... E milagres acontecem...

Você vai se casar aos 34 anos de idade, mas relacionamentos amorosos não serão o seu forte. O casamento vai durar somente quatro anos, e vai acabar quando você estiver grávida de seu segundo filho. O ex-marido não vai ajudar financeiramente, nem como pai presente. Ele vai morar em outra cidade, distante, e logo se casará novamente. Você entrará, então, na categoria de "mãe solo".

A ansiedade e o medo irão te acompanhar, pimpolha. Mas você conseguirá dominá-los. Aos poucos, a solidão imensa que você sente, de um vazio extremo, vai se transformar em solitude. E você irá começar a adorar a sua própria companhia. Você vai dançar e rir sozinha. Acredite, com o passar da vida, a baixa autoestima vai incomodar cada vez menos. Lentamente, você entenderá o seu valor. E vai se amar, do jeitinho que você é.

Depois que seus filhos estiverem adultos, você vai trazer dois cachorrinhos da raça pug para viverem com você. Embora vá respeitá-los como animais, você também será feliz em ser a líder da matilha. Eles serão seus filhos! E você vai adorar tê-los dormindo com você, grudadinhos, um de cada lado de seu corpo. Eles lhe darão muita alegria todas as manhãs, quando acordarem juntos.

E, sim, você irá perdoar a sua mãe! E quando estiver na minha idade, você terá a oportunidade de voltar para perto dela. E você fará essa escolha. Afinal, você será uma mulher boa, amorosa e de muita sabedoria, e irá, sim, cumprir as suas obrigações de filha. A vida tem dessas... Você verá! Cada escolha, uma oportunidade... Cada queda, um aprendizado... Cada atitude, uma consequência... Frases simples, mas que remetem a momentos profundos de minha vida. Aqui vou contar alguns. Venha comigo. Afinal, são 60 anos de uma vida muito bem vivida!

Nascimento: a primeira oportunidade da vida

Meu nome é Cristina Martins (só). Minha vida começou no dia 5 de maio de 1963. Nesse domingo bem cedo, minha mãe foi internada no único e precário hospital da cidade de Terra Rica, noroeste do Paraná, com contrações frequentes, dolorosas e com a bolsa rompida. O parto normal não evoluiu, e o único médico da cidade estava viajando. Somente no fim da tarde ele chegou e realizou a cesariana. Segundo minha mãe, nasci com a cor quase preta e o cordão umbilical enrolado no pescoço. De acordo com o médico, por muito pouco, eu não teria sobrevivido. Aí, então, a vida me deu a primeira oportunidade!

Sou a filha mais velha de 3 irmãos. Meu irmão nasceu 14 meses depois de mim e minha irmã, após 8 anos. Minha mãe foi criada na zona rural e não completou o primeiro ano escolar. Era do lar. Uma mulher muito bonita, de personalidade forte e pouco sociável. Gostava da casa muito arrumada e limpa. Meu pai também não tinha muito estudo e não passou do terceiro ano escolar. Mas era inteligente, sagaz e, ao contrário de minha mãe, muito sociável. Ele era proprietário da única farmácia da cidade e, naquele tempo, era tratado como autoridade.

Infância: as voltas que a vida dá

Em qualquer memória que tenho da infância, o casamento de meus pais não era bom. Tenho raras lembranças de demonstrações de carinho entre eles. As brigas eram constantes. E era comum minha mãe se trancar no quarto durante horas. Daqueles momentos, lembro-me da sensação forte de ansiedade e medo. Eu ficava zanzando sem rumo pela casa, sem saber o que pensar ou fazer.

No geral, a minha infância era muito boa em Terra Rica. Vivíamos em uma casa com um quintal grande, cheio de árvores. Lembro-me bem do canto das cigarras. Eram centenas delas, pequenas e gigantes, que se acomodavam nos troncos das árvores. Nessa casa, tive a minha única e memorável festa de aniversário da infância. Lembro, com detalhes, dos chapeuzinhos, cataventos, língua de sogra e um bolo alto, branco, com 7 velinhas.

Naquela época, meu pai se envolveu com a política e foi eleito vereador da cidade. Em cidades pequenas, a política era pesada e sem lei. Ele começou a ser ameaçado por adversários e, para a segurança da família, resolveu que sairíamos de Terra Rica. Fomos morar em Echaporã, outra cidadezinha, agora no interior do estado de São Paulo, onde meu pai havia nascido e tinha muitos familiares. Nessa cidade, entrei na escola pela primeira vez. Nossa! A escola era tudo de que eu mais gostava. Porém, em Echaporã, meu pai não tinha trabalho regular, e logo vieram as dificuldades financeiras. Então, surgiu uma proposta para ele arrendar uma sorveteria em uma cidade próxima, Assis, por um período de dois anos. Eu tinha 10 anos de idade, e a escola que frequentei lá era bem grande, cheia de escadas e freiras. Eu também amava muito aquele lugar!

Morávamos em uma casa bem pequena, conjugada à sorveteria. Com isso, todas as noites e fins de semana, meu pai me deixava sozinha cuidando do balcão até o fechamento do local, às 21 horas. Para que eu pudesse aprender a dar troco corretamente, depois que eu voltava da escola, meu pai me passava cálculos de matemática para resolver. E depois os corrigia. Embora nos dias de hoje essa prática possa ser considerada "trabalho infantil", naquela época, aqueles momentos foram extremamente positivos para mim. Desenvolvi muitas habilidades, além de ter vivido o período da vida de maior proximidade com meu pai.

Quando terminou o prazo de dois anos, voltamos para Echaporã. Mas, após um tempo, o dinheiro ficou curto novamente. Buscando encontrar uma solução, meu pai foi para Terra Rica e comprou novamente uma farmácia. Esse foi o exemplo da vida girando com o mundo e acabando no mesmo lugar.

Com essa farmácia, a família alcançou a estabilidade financeira. Meu pai trabalhava muito, mas jamais reclamava, nem mesmo quando tinha que se levantar de madrugada para abrir a farmácia e entregar uma chupeta a um pai desesperado. A escola daquele lugar era a mais fraca e sem recursos de todas pelas quais passei. Quando não estava na escola, eu trabalhava no caixa da farmácia. Disso eu gostava.

Adolescência: os grandes sonhos de vida

A adolescência chegou cheia de sonhos e inquietudes. A minha relação com minha mãe continuava complicada. A dificuldade em alcançar as expectativas dela, por mais que me esforçasse nas tarefas domésticas, eram extremamente frustrantes. Além disso, ela fazia comentários negativos sobre minha aparência física, que me entristeciam muito. As alterações de humor dela continuavam constantes. A sua irritabilidade e as reações exageradas criavam hostilidade e frustração em toda a família. Ela se tornava ainda mais poliqueixosa e pessimista, e sua personalidade dominadora ficava ainda mais evidente. A casa era seu ambiente de controle máximo. A relação do casal era difícil, e as brigas e discussões eram diárias. Minha mãe demonstrava, claramente, que tinha um filho preferido, que era meu irmão.

Aos 14 anos, eu vivia para um sonho: ansiava por uma grande oportunidade de mudar tudo que estava me deixando infeliz. Os estudos do primeiro grau iriam terminar e seria hora de me mudar para a cidade grande, para que eu tivesse uma chance de entrar na faculdade. Isso era algo para o qual todos os pais de cidades pequenas, e que tinham alguma condição financeira, se preparavam. Meu plano era ir para Curitiba, com minhas melhores amigas, Elô e Mary. A sensação era de alegria e muita esperança!

Mas os planos não se concretizaram como eu desejava. Depois de muitas discussões em casa, resolveram que eu iria estudar em Marília, cidade próxima a Echaporã. Bom, um plano frustrado, mas o sonho continuava forte: eu iria morar fora de casa!

Um pouco antes de começar o ano letivo, meus pais me levaram para fazer exames médicos em Marília. A minha menstruação era volumosa e durava quinze dias; a quantidade de acne no meu rosto lembrava uma queimadura, e havia crescimento exagerado de pelos no meu corpo e na minha face. Aquilo era muito difícil para uma garota de quase 15 anos. Veio o diagnóstico de ovários policísticos. Foram receitados medicamentos para a regulação hormonal, e o médico disse, claramente, que o problema não permitiria uma gravidez futura. Até aí, tudo bem. Isso não fazia parte dos meus sonhos.

Em Marília, fui morar na casa da tia Lu, a dona de um pensionato de meninas. Em um quarto, morávamos em quatro. Era um espaço muito pequeno, onde cabia um guarda-roupas, dois beliches, uma pequena escrivaninha e uma cadeira. Ali era o ambiente ideal para praticarmos o respeito mútuo. E deu tudo certo.

A casa da tia Lu era famosa, pois, além de ser um pequeno pensionato, fornecia refeições, como um restaurante, para pessoas de fora. Tinha uma porta na calçada e uma escada que, no topo, dava para uma mesa oval, em que se serviam as refeições. A dinâmica era espetacular e funcionava perfeitamente. Muito disputado, era preciso um contrato mensal para comer lá.

Os clientes chegavam e se sentavam à mesa de dez lugares. A tia Lu ia trazendo e repondo as travessas de comida. As refeições eram bem caseiras e servidas à vontade. Logo que uma pessoa terminava e se levantava, outra se sentava. A sobremesa devia ser comida em pé, enormes potes de doces caseiros que ficavam num pequeno balcão, ao lado da mesa. No mínimo, 50 pessoas, geralmente universitários, faziam as refeições ali. Participar da rotina das refeições no pensionato da tia Lu era minha maior diversão. Cada dia, a composição de pessoas à mesa era diferente. Portanto eram novas conversas e novas amizades. Aquilo era um grande aprendizado!

Eu frequentava o Cristo Rei, o colégio privado mais famoso da região. Para dar conta dos estudos, eu tinha que estudar pesado. Mas aquilo era algo de que eu gostava muito. No segundo ano em Marília, eu precisava decidir qual profissão seguir. Eu não tinha ideia. Um dia, veio almoçar na tia Lu uma senhora nutricionista. Eu estava sentada à mesa e escutei quando ela contou que morava em Bauru e veio trabalhar num projeto junto à prefeitura de Marília. Como era uma profissão incomum na época, as pessoas perguntavam várias coisas sobre o trabalho da nutricionista. Hummm... aquilo me interessou profundamente. Parecia uma profissão linda e dinâmica, de muitas oportunidades.

Então, decidi: eu queria ser nutricionista! Pesquisei e descobri que eram poucas as universidades que ofereciam o curso de Nutrição. Em Marília, não havia. Em Curitiba, havia um recém-aberto na Universidade Federal do Paraná. Aí renasceu com força o sonho de estudar em Curitiba. Eu tive que convencer meus pais, mas, devido às boas notas e ao bom comportamento em Marília, eu já tinha créditos para me deixarem morar em Curitiba.

O ano era 1981. Em Curitiba, fui morar com minhas amigas de Terra Rica, Elô e Mary. Fazíamos o terceirão no colégio Positivo. Quando ia começar o segundo semestre, minha mãe me telefonou e disse que meus tios de Diamante do Norte haviam pedido para eu ir morar com eles e dar assistência aos dois primos mais novos. E, então, me mudei de apartamento.

Os meus primos eram o Didi, que estudava o segundo ano do ensino médio, e a Virinha, que estava no primeiro. Eu e a Virinha já havíamos morado juntas em Marília no ano anterior, na casa da tia Lu. Morar com eles também era muito bom. As risadas e piadas eram fartas. Até que, um dia, a vida trouxe uma triste surpresa. Num sábado cedo, resolvemos arrumar o quarto do Didi, mudando os móveis. No fim da manhã, um amigo dele bateu na porta do apartamento e o convidou para ir a um churrasco, ele foi, e eu e a Virinha continuamos arrumando o quarto e o apartamento. Bem no fim da tarde, a campainha tocou novamente, e eu fui atender. Era o amigo do Didi, com uma feição aterrorizada. Ele olhou para mim e disse: "O Didi morreu". Fiquei em choque.

Virinha veio até a porta. O rapaz olhou para ela e repetiu: "O Didi morreu". Ela também ficou em choque. Ele contou: "Fizemos churrasco e, no fim da tarde, o Didi disse que não estava se sentindo bem e foi se deitar. Quando fomos chamá-lo, agora pouco, ele estava morto". Eu e a Virinha continuávamos em choque. "O corpo dele está no Hospital Evangélico. Vocês precisam ir lá para assinar um documento", disse o rapaz, avisando que já havia telefonado e contado para o pai da Virinha. Fomos até o hospital. Ao ver o Didi deitado numa mesa de pedra fria, eu e a Virinha começamos a chorar copiosamente. Acho que, até aquele momento, não estávamos acreditando que era verdade.

Quando voltamos para o apartamento, logo chegou um senhor que nunca havíamos visto antes. Ele se apresentou como um maçom que havia sido acionado para nos ajudar. Pediu para eu ir com ele até uma funerária. Depois dessa tarefa difícil, ele me deixou no apartamento e disse que viria bem cedo nos pegar e nos levar até o aeroporto Bacacheri. Iríamos pegar um aviãozinho e levar o Didi para Diamante do Norte. O dia seguinte, sem dúvidas, foi o mais longo e triste de minha vida. Depois do enterro, à noite, meus pais me levaram para Terra Rica.

A semana seguinte foi só de choro, dia e noite. A tristeza era profunda. Além disso, eu não conseguia dormir. Na terceira semana, eu disse aos meus pais que queria voltar para Curitiba. O vestibular estava próximo. Liguei para a Virinha, e ela disse que não voltaria mais. Minha mãe decidiu ir comigo e também traria as coisas de meus primos.

O retorno ao apartamento em Curitiba foi extremamente doloroso. Nessa altura, eu já sabia que meu primo havia morrido de overdose provocada por medicamentos psicotrópicos, as tais "boletas". Ele teve uma hemorragia hepática fulminante. Eu nem mesmo sabia que ele usava essas drogas esporadicamente. Por isso, aquilo foi ainda mais triste para mim, já que eu tinha ido morar com meus primos para cuidar deles. Em alguns dias, minha mãe voltou para Terra Rica. Eu fiquei sozinha no apartamento, aguardando o vestibular.

O grande dia chegou. Durante a prova, lembro-me bem de que fui tomada por uma serenidade imensa, como se anjos me guiassem. E o resultado foi a vida me dando mais uma oportunidade: passei na prova! Agora eu iria cursar Nutrição na UFPR.

Idade adulta jovem: a vida que me ensina

No início das aulas, mudei-me para um miniapartamento no mesmo prédio onde moravam minhas amigas Elô e Mary. Nos fins de semana, estávamos sempre juntas. Havia noites que passávamos em claro, jogando baralho e comendo pipoca. Dávamos muitas risadas.

Na faculdade, minha adaptação não foi fácil. A falta de rotina me desequilibrava e desmotivava. Os horários e locais de aulas variavam muito. Cada disciplina era dada em um local diferente da cidade. Algumas aulas eram muito cedo, em locais extremamente distantes. Além disso, havia as greves intermináveis dos professores e funcionários. Todos os semestres, durante os quatro anos do curso, houve greves, algumas mais curtas, outras bem longas.

Aos trancos e barrancos, de repente, eu estava no terceiro ano do curso. Eu gostava dos colegas e das amigas da turma, particularmente da Maria Alice e da Denise. Mas não gostava do curso. No fundo, eu sentia que não queria mais ser nutricionista. Então, tive uma ideia: pedir equivalência para o curso de Medicina Veterinária, que me daria a possibilidade de trabalhar em Terra Rica. Não contei a ninguém, pois teria que esperar. Naquela época, as respostas vinham por correio e demoravam quase um ano. Quando veio, dizia: "Não há vaga no momento". Que tristeza!

Sem a mínima vontade, lá ia eu para o último período do curso de Nutrição. Nessa fase, havia somente estágios. O primeiro foi em saúde pública. Fomos para um posto de saúde no qual não havia nutricionista e nada para aprender ou fazer. Por sugestão dos enfermeiros, passamos dois meses recortando revistas e montando cartazes sobre alimentação recomendada para algumas doenças crônicas. Logicamente, odiei aquilo!

O segundo estágio foi em uma cozinha industrial. Lá havia uma nutricionista, mas a coitada não dava conta nem de dar "bom-dia" para nós. Passamos dois meses entrando e saindo de Kombis que levavam as refeições para as empresas, em diferentes locais da cidade. Com certeza, eu não gostei também!

Enfim, chegou o último bimestre do curso, com estágio no Hospital de Clínicas. No primeiro dia, a professora passou uma lista com 20 enfermidades. A tarefa era buscar pacientes que apresentavam aquelas doenças, realizar atendimento completo e colocar tudo em um relatório, a ser entregue no fim. Era cada um por si. Eu resolvi ir ao andar da clínica médica para buscar pacientes. Quando estava lendo prontuários, um médico-residente perguntou se eu era do serviço de nutrição. Respondi que era estagiária em nutrição. Ele disse que já fazia mais de uma semana que havia solicitado consulta com um nutricionista, mas ninguém apareceu. Ele me perguntou se eu poderia ajudá-lo, respondi que sim. Rapidamente, ele pegou um prontuário e começou a me explicar o caso.

Era o senhor João, um paciente com câncer terminal de esôfago, sem condições de tratamento. Havia uma obstrução quase completa do órgão, mal passava a saliva. Por isso, colocaram uma sonda para alimentação diretamente no estômago, chamada gastrostomia. O residente explicou que o paciente estava com alta médica havia mais de uma semana, louco para ir embora. Mas a equipe médica não poderia deixá-lo ir enquanto um nutricionista não fosse orientá-lo sobre a alimentação via gastrostomia, que ele teria que fazer em domicílio. Depois de ouvir o médico, revisei o prontuário e fui até a enfermaria conversar com o paciente.

Era um homem franzino, de fala mansa. Quando me apresentei, ele abriu um grande sorriso, como se eu fosse tudo o que ele esperava havia muito tempo. Ali, minha responsabilidade cresceu imensamente. O paciente contou que morava num sítio, somente ele e a esposa. Eles eram analfabetos, mas sabiam contar e ler números; eram muito pobres, mas tinham 2 vacas, galinhas e porcos. Tinham uma horta e um pomar com laranjas que produziam o ano todo. Não tinham energia elétrica nem gerador.

Nesse ponto, fiquei preocupada. Como eu iria calcular uma dieta líquida sem liquidificador? Onde o paciente iria guardar a dieta feita o dia todo, se não tinha geladeira? Como eu iria ensiná-lo, se ele e a esposa não sabiam ler? Com tantas perguntas na cabeça, resolvi ir para casa. Aquilo seria um grande desafio, mas eu tinha que encontrar uma solução ainda naquele dia.

Foram muitas reflexões e pesquisas nos cadernos e livros da faculdade, mas não encontrei nada que ajudasse a resolver a situação. Eu teria de personalizar completamente para a necessidade daquele paciente. Então, no cálculo da dieta, inclui alimentos que tinham na casa deles: leite, ovos, óleo, açúcar e suco de laranja. Em vez de preparar para o dia todo, as quantidades foram calculadas para cada infusão pela gastrostomia de 300 ml. Assim, não precisariam guardar na geladeira. Aí veio o pior desafio: como eu iria ensinar um paciente que não sabia ler? Qual tipo de material eu entregaria para ele levar para casa e seguir?

Resolvi desenhar. Fiz desenhos para cada tomada, e ao final, que ele tinha que fazer 6 vezes ao dia, de 3 em 3 horas, com os horários indicados em um relógio. Eu desenhei, por exemplo, 1 laranja + 1 laranja = o desenho de meio copo de suco. Algumas coisas em colheres, colocadas uma ao lado da outra. O mais difícil foi acertar as dimensões dos alimentos em um desenho feito à mão. Enfim, passei a noite toda fazendo e refazendo aquela tarefa.

No dia seguinte bem cedo, fui para o hospital. Encontrei o senhor João e expliquei como seria a dieta, mostrando os desenhos. Ele estava muito atento e interessado. Ao fim, pedi para ele me explicar o que havia entendido. E, para minha alegria máxima, ele repetiu tudo com exatidão. Eu e ele estávamos muito felizes! Eu o abracei, ele me agradeceu e perguntou com lágrimas nos olhos: "Agora eu posso ir para casa?". Saí daquela enfermaria radiante! Naquele momento, enfim, eu havia compreendido o que é ser nutricionista. Eu seria capaz de mudar uma vida! Isso, sim, me interessava!

FORMATURA EM NUTRIÇÃO NA UFPR, CURITIBA, 1985.

A partir de então, me senti motivada: queria ser nutricionista! Naquela mesma semana, veio mais uma oportunidade. Uma professora convidou alguns alunos para coletar dados para uma pesquisa com pacientes em hemodiálise, em outro hospital. Logicamente, eu me candidatei. Éramos 6 estagiárias. Íamos lá algumas tardes na semana, e a tarefa era perguntar aos pacientes sobre a ingestão alimentar do dia anterior, calcular os nutrientes ingeridos e registrar em uma planilha. De repente, estávamos quase na última semana do ano. A faculdade já havia acabado, e eu tinha me saído muito bem no relatório. Estava empolgada. Nesse momento, meu objetivo era arrumar um emprego em Curitiba. Por isso, avisei meus pais que não iria passar as festas de fim de ano em Terra Rica.

Mas ainda faltava finalizar a tarefa do estágio do outro hospital. Teríamos que entregar a planilha de dados coletados. A professora me ligou, disse que tinha de fazer uma viagem e pediu para que entregássemos a planilha. As minhas colegas também me disseram que estariam viajando. Então, como eu não iria viajar, fiquei encarregada da tarefa sozinha. Era véspera de Natal. Cheguei ao andar do hospital, expliquei para a secretária do que se tratava, e ela me colocou para esperar num consultório. Lá havia muitas prateleiras cheias de livros e vários periódicos internacionais sobre nefrologia. Fiquei encantada com tanto material.

Depois de algum tempo, entrou o Dr. Miguel Carlos Riella. Eu nunca o havia encontrado pessoalmente, mas sabia que ele era importante. Ele me cumprimentou e, em poucas palavras, me pediu para apresentar a planilha. Quando terminei, ele me perguntou: "Você já está trabalhando?". E, sem tempo para eu responder, ele disse: "Estamos contratando um nutricionista para trabalhar em período integral". Eu disse: "Terminei o curso na semana passada e estou à procura de trabalho". Ele falou: "Ótimo! Quer trabalhar conosco? O trabalho se divide entre a nefrologia e o serviço de suporte nutricional, do qual também sou chefe". Respondi: "Sim, quero sim. Quando posso começar?". Ele disse: "Agora mesmo". A vida me dando novas oportunidades novamente!

O Dr. Riella é um médico com treinamento especializado de muitos anos nos Estados Unidos, tanto na área renal como em nutrição parenteral (alimentação administrada na veia). Na época, ele já tinha muitos livros e artigos científicos publicados. Também era presidente da Sociedade Brasileira de Nutrição Parenteral e Enteral. Logo depois, foi fundador e presidente da Federação Latino-americana de Nutrição Parenteral e

Enteral. Então, sem planejar, lá estava eu trabalhando com um dos maiores ícones nacionais e internacionais nas áreas de nefrologia e nutrição parenteral. Na rotina de trabalho, o Dr. Riella era um grande instigador do meu crescimento profissional. Constantemente, ele trazia artigos científicos e materiais sobre nutrição de congressos internacionais e me passava para eu os apresentar à equipe. Em pouco tempo, fui nomeada coordenadora do Serviço de Suporte Nutricional do Hospital Evangélico. O meu trabalho era coordenar médicos-residentes e enfermeiros para o atendimento de pacientes com sonda e aqueles com alimentação na veia. Além disso, na nefrologia, eu atendia pacientes em diálise e transplante renal. Trabalhamos, também, com projetos de pesquisa e recebemos visitantes nutricionistas, médicos e enfermeiros de todas as partes do Brasil. Éramos um centro de referência.

Mas houve um momento em que as coisas azedaram. Depois de três anos de trabalho, sem tirar férias, fui convidada para dar um curso na cidade de Teresina (Piauí). Como eu tinha o sonho de conhecer o Nordeste, resolvi tirar trinta dias de férias, que começariam com o curso que eu iria dar. Dessa forma, eu não precisaria pagar a passagem aérea. Na época, o Dr. Riella estava em uma viagem longa com a família. Por isso, não foi avisado sobre meus planos.

Quando voltei, o Dr. Riella me chamou no consultório, e a cara dele não estava boa. Rispidamente, ele disse que eu não poderia ter tirado férias, muito menos ter dado um curso sem o consentimento dele. Eu permaneci em silêncio, concordei e saí da sala. Mas, internamente, eu estava chocada. Será que eu tinha feito algo tão errado? As semanas seguintes de trabalho foram difíceis. O relacionamento estava hostil. Aquela bronca ecoava em minha mente. Eu tinha deveres, mas também deveria ter direitos. Eu não o afetei nem afetei o local de trabalho. Portanto eu não achava que tinha feito algo errado.

Logo o Dr. Riella me chamou no consultório novamente. Ele disse: "Acho que está difícil você continuar trabalhando aqui". Eu acenei positivamente. E a voz dele ficou ainda mais irritada. "Você sabe que entrou aqui recém-formada e, se foi convidada para falar em congressos, foi por minha causa. Então, quando as pessoas te convidam, é o meu nome que elas querem. Por isso, você tem obrigação de me pedir autorização para falar em qualquer evento". E ele continuou: "Acerte com o RH e não precisa mais voltar".

Levantei, peguei minhas coisas e fui embora. Não preciso dizer que fiquei acabada. Os dias e as noites depois disso foram terríveis. Eu fui ao fundo do poço, de tristeza, e não consegui dormir. Mas, depois de mais ou menos um mês, resolvi reagir.

Fui procurar o serviço de nefrologia concorrente, que era na Santa Casa de Curitiba. Eu já havia conhecido a equipe em eventos. Os médicos me receberam muito bem. Não existia nutricionista lá. Eu expliquei que tinha saído do trabalho com o Dr. Riella e não havia me recolocado. Eles me disseram que não tinham recursos para me contratar, mas queriam fazer uma proposta: permitiriam que eu usasse o consultório particular deles, sem custo, e encaminhariam pacientes para mim. Eu poderia atender alguns pacientes mais críticos da diálise e ainda me convidaram para fazer parte da equipe de suporte nutricional do hospital, que eles também coordenavam.

O acordo deu muito certo. Financeiramente, era melhor que antes, e o trabalho era mais tranquilo. Além da Santa Casa, fui convidada para trabalhar algumas horas diárias no hospital infantil Pequeno Príncipe, também na nefrologia e com suporte nutricional, mas somente com crianças. Continuei sendo convidada para falar em eventos. O mais engraçado era cruzar com o Dr. Riella, que mudava de direção quando me via. Houve uma ocasião, num congresso, que ambos fomos convidados para falar em uma mesma mesa. Eu aceitei, mas ele declinou, dizendo aos organizadores que teve uma viagem de emergência. Sim! O mundo dá voltas! Nada melhor que um dia após o outro!

Nesse período, fiz duas especializações na UFPR. Também prestei um concurso para professor do curso de Nutrição da UFPR, no qual passei em quarto lugar. Os dois primeiros aprovados assumiram as vagas imediatamente, e os demais, como eu, poderiam ser chamados posteriormente.

Fui a única candidata aprovada que ainda não tinha mestrado. Então, comecei meus planos para fazer mestrado nos EUA.

Na época, por acaso, encontrei uma antiga professora do curso de Nutrição, a Luris Tayar. Ela era uma senhora idosa, já com debilidade física, mas pensava muito à frente de seu tempo. Ficamos amigas. Às vezes, eu a levava para almoçar ou jantar; outras vezes, conversávamos por horas em seu apartamento. Ela me dava muitos conselhos e direções profissionais. Incentivou-me muito com a ideia do mestrado e também sobre publicar materiais. Com a ajuda dela, publiquei minha primeira cartilha pela editora da UFPR, focada na alimentação de pacientes em hemodiálise.

Durante a vida, publiquei 18 livros técnicos, 27 capítulos de livros de outros autores, 19 artigos científicos e 20 cartilhas e manuais para pacientes e leigos. Para minha grande tristeza, Luris faleceu dois anos após esse nosso primeiro encontro, enquanto eu estava fora do Brasil, fazendo mestrado. Ela me deixou muita saudade e um grande legado!

ALGUMAS DE MINHAS PUBLICAÇÕES, CURITIBA, 2020.

Em certo dia comum de trabalho, ouvi no autofalante do hospital um chamado para atender uma ligação. Fui até o telefone mais próximo, esperando se tratar de pais de paciente. Mas era a secretária do Dr. Riella. "Cristina, o Dr. Riella gostaria de marcar uma conversa com você. Ele disse que você pode escolher local, dia e horário". Fiquei surpresa. Aquilo não era esperado. Respondi que iria ao consultório dele no dia seguinte.

No outro dia, lá estava eu, frente àquele gigante, que agora nem parecia tão grande. Eu o cumprimentei, sentei-me e fiquei quieta, aguardando o que viria. Ele olhou para mim com seus olhos bem azuis e disse: "Eu quero me desculpar pelas coisas que te disse no passado. Fui injusto, e o que disse não era verdadeiro. Reconheço que você tem luz própria". Ele se mexeu na cadeira e continuou: "Também quero dizer que desde que você saiu daqui nenhuma outra nutricionista conseguiu fazer o trabalho que você fazia. Nosso serviço cresceu bastante, e agora temos duas nutricionistas. Não queremos dispensá-las, mas eu gostaria que você voltasse e também coordenasse o trabalho delas".

Pronto! Aquilo, sim, poderia ser a minha maior vingança! Mas, na verdade, não tinha sabor de nada, exceto de uma doce satisfação pessoal. Eu estava equilibrada e conseguia pensar com clareza. Então, eu disse: "Bom, Dr. Riella, eu estou muito bem onde estou. Tenho dois trabalhos e ganho melhor do que ganhava aqui. Preciso encontrar alguma outra boa razão para voltar para cá". Ele ficou calado, me olhando. Eu continuei: "Tem somente uma coisa que, se o senhor aceitar e me ajudar, me daria a razão de que preciso para voltar a trabalhar aqui". Ele continuava me olhando fixamente. "Fui aprovada para fazer mestrado em três universidades nos Estados Unidos, mas a bolsa de estudos que pedi para o CNPq foi negada. Eles alegaram que meu projeto não é prioridade nacional. É um projeto de nutrição para pacientes em diálise. Se o senhor conseguir reverter essa resposta (eu sabia que ele tinha contatos nessa instituição, pois médicos da equipe haviam recebido bolsas) e me permitir ficar dois anos fora, eu volto para trabalhar aqui depois."

Naquele momento, ele arregalou os olhos e disse com um pequeno sorriso: "Amanhã você terá essa resposta". Assim, eu me despedi e fui embora.

No dia seguinte, no finzinho da tarde, uma pessoa do CNPq me ligou, disse que haviam revisado o meu projeto e que minha bolsa de estudos para o mestrado nos Estados Unidos tinha sido aprovada. Cada atitude, uma consequência! Aí estava a vida, de novo, me dando mais uma oportunidade.

Por coincidência, dois dias depois, a UFPR me ligou para comunicar que havia aberto uma vaga para professor do concurso no qual fui aprovada. Falei sobre o mestrado e a bolsa de estudos. Disseram-me que havia a possibilidade de eu assumir o cargo imediatamente, pedir licença não remunerada e, quando terminasse o mestrado, voltar para a instituição. Porém a decisão seria tomada por um grupo de professores. Aguardei e, depois de uma semana, responderam-me que os professores não concordaram. Eu teria que desistir do mestrado agora e assumir o cargo imediatamente. Agradeci e fui arrumar minhas malas! Nunca mais prestei concurso para a instituição.

Porém a ida para os EUA ainda teria obstáculos. No mundo, só se falava sobre a Guerra do Golfo, que estava começando. Por medo de retaliações, os EUA fecharam suas embaixadas por tempo indeterminado. Com isso, eu não podia requisitar o visto para entrada naquele país. Resultado: desembarquei em Nova Iorque quase um mês após o início das aulas. Isso foi um grande desafio!

Viver em Manhattan era um sonho, mas tinha suas dificuldades. Para começar, tudo era muito caro. Eu dividia um estúdio da universidade com uma colega, que trocava a cada semestre. Por um lado, foi bom lidar com a diversidade cultural. Tive uma colega americana, uma suíça, uma haitiana e uma taiwanesa. Por outro lado, foi difícil a criação de laços de amizade. Como cheguei atrasada, o primeiro mês foi bem complicado. Havia a dificuldade da língua, a cidade e a universidade novas eram muito grandes. E a falta de referência, já que eu não conhecia ninguém lá. Achei que não iria dar conta. Mas, devagar, tudo foi se ajeitando. Ao fim do semestre, eu já estava adaptada e alcancei boas notas. O que dependia de mim, dei conta.

Porém algo não dependia de mim. Quando fui fazer a matrícula para o semestre seguinte, me disseram que eu não poderia, pois não tinha pagado a conta do semestre anterior. Ou seja, o CNPq não pagou a universidade! Isso gerou um grande estresse. Tive que pedir ajuda para o Dr. Riella novamente. Depois de algum tempo, eles pagaram, mas precisei passar por esse perrengue todos os semestres em que estudei lá. Quando estava terminando um semestre, já aumentava o meu nível de ansiedade em relação ao que iria acontecer no próximo. Enfim, fora essa parte, o mestrado foi uma grande experiência, e meus resultados foram acima de minha expectativa. Eu estava feliz!

Eu estava tão engajada com os estudos que resolvi ficar mais tempo e ingressar em outro programa, dessa vez para me tornar dietista-nutricionista registrada na Academy of Nutrition and Dietetics. Para isso, precisava permanecer mais sete meses nos EUA e, depois, fazer uma prova. Como já havia cursado a parte teórica desse programa durante o mestrado, precisava passar pela fase prática. Eu tinha economizado dinheiro da bolsa e conseguiria pagar despesas de moradia e pessoais durante o período, mas precisaria de patrocínio para o pagamento do programa para a universidade. Telefonei para o Dr. Riella, expliquei meus planos e pedi uma bolsa pela Clínica de Doenças Renais – que a aprovou!

FORMATURA DO MESTRADO EM NOVA IORQUE. NEW YORK UNIVERSITY, 1992.

Inscrevi-me, então, no programa AP4 da mesma universidade. Pelo fato de minhas notas de mestrado terem sido altas, tive a oportunidade de fazer entrevista em 2 ótimos hospitais de Manhattan e fui aprovada em ambos. Escolhi o Mount Sinai Medical Center, um grande hospital situado em um dos lados do Central Park. Para evitar gastos, procurei um lugar próximo ao hospital, assim poderia ir caminhando. Por referência de um colega porto-riquenho do mestrado, fui me instalar na sala de um miniapartamento de um quarto, onde moravam 2 moças. Foi um período difícil, de pouco conforto e sem nenhuma privacidade. Mas eu não me importava, porque estava fazendo algo que desejava e passava de dez a doze horas no centro médico.

Durante este período, como eu estava dentro de um hospital, aproveitei para revisar minha condição hormonal. Depois de vários testes, os médicos me disseram que eu não tinha ovários policísticos. Os ovários estavam normais. Porém os hormônios sexuais continuavam desequilibrados. Por isso, tive que passar por exames mais complexos, que identificaram uma deficiência hereditária de uma enzima que participa da produção de hormônios sexuais. Havia medicamentos que poderiam ajudar, mas dificilmente eu poderia engravidar. Essa notícia não fez nenhuma diferença para mim.

O programa de estágio era altamente dinâmico e extremamente cansativo. Eu passava cada duas semanas com um nutricionista especialista em uma área de atuação específica. Além de ter que me adaptar ao profissional, também tinha que aprender, rapidamente, sobre a área de atuação. Quando começava a me adaptar, tinha que começar de novo com outro. Era minha tarefa documentar os atendimentos nos prontuários eletrônicos. Eu tinha que pensar e agir com rapidez. O tempo passou e, graças a Deus, finalizei bem o programa. A prova da Academy aconteceu algum tempo depois e passei. Era hora de voltar para o Brasil.

Idade adulta madura: as quedas e os aprendizados da vida

A volta ao Brasil foi cheia de planos. O que eu mais desejava era contar aos outros nutricionistas sobre minhas experiências. Após uma visita rápida aos meus pais, no interior, instalei-me em Curitiba. Na primeira reunião com o Dr. Riella, ele me contou que haviam aberto, recentemente, uma empresa de manipulação e fornecimento de nutrição parenteral para hospitais da cidade e região, a Nutroclínica. Havia muito trabalho a ser feito. Por isso, ele me convidou para entrar na sociedade e ser a diretora-geral da empresa. Além disso, ofereceu o cargo de coordenadora do setor de nutrição e nefrologia das Clínicas de Doenças Renais de Curitiba e da Fundação Pró-renal Brasil.

Isso era 1993. E, sem nenhuma experiência em administração empresarial, tive que cuidar de uma empresa altamente complexa, de alto risco e de custo muito elevado. A nutrição parenteral é aquela administrada diretamente na veia. Não é somente um soro, já que ela contém todos os nutrientes essenciais para manter a vida de um indivíduo. A maior clientela são os pacientes graves, dentro de UTIs e que, por diversas razões, não podem ser alimentados pela via intestinal. Esse é o caso, por exemplo, de bebezinhos recém-nascidos muito prematuros, que não têm o intestino amadurecido. Se receberem alimento pelo intestino, mesmo leite materno, isso pode desencadear uma infecção grave, capaz de levar à morte. Portanto esses pacientes devem receber a nutrição parenteral por algum tempo.

Pelo fato de ser um produto estéril, a manipulação da nutrição parenteral exige área física altamente especializada e só deve ser feita por farmacêuticos e assistentes altamente treinados e capacitados. O prazo de validade do produto pronto é curto, somente 48 horas, que inclui a administração no paciente por 24 horas. A prescrição médica, assim como a manipulação e a entrega, devem acontecer diariamente, independentemente de fins de semana e feriados. É uma rotina que nunca para. Além dos fatores internos, o sucesso e a segurança da atividade dependem de inúmeros fatores externos.

Depois de dez anos, o Dr. Riella saiu da sociedade, e eu permaneci por mais quinze anos na empresa, que passou a se chamar Nutro – Soluções Nutritivas. Era um trabalho de alto risco. Em dois momentos, houve contaminação devido a matérias-primas contaminadas do fabricante. Em ambos os casos, pela graça de Deus, não houve vítimas fatais. Porém, quando há suspeita ou presença de contaminação, a empresa é fechada até que a causa do problema seja devidamente esclarecida. Nesse caso, são realizados muitos testes e retestes, com duração de meses. Enquanto isso, a empresa fica fechada. Ou seja, perdi todos os clientes. A decisão de demitir funcionários é complicada, já que são pessoas com necessidade de alta capacitação. Nesses momentos, não há venda, e os gastos são imensos. Portanto, em dois momentos de minha história com essa empresa, entrei em falência e tive que recomeçar do zero.

Quando o Dr. Riella saiu da sociedade, além da Nutro, outra empresa foi criada: o Instituto Cristina Martins de Educação e Pesquisa em Nutrição e Saúde. Inicialmente, promovia cursos e grandes eventos e tinha uma editora de livros e materiais educativos. Em 2008, a empresa lançou seu primeiro curso on-line, atividade que continua até os dias atuais.

SEDE DAS EMPRESAS NUTRO E INSTITUTO CRISTINA MARTINS EM CURITIBA, 2018.

Em relação à vida amorosa, não houve relacionamentos sérios e longos até 1997, quando reencontrei um rapaz que conheci na infância. Ele morava em Echaporã. Na época, eu estava com 34 anos. Nós nos casamos alguns meses depois do reencontro, e o inesperado aconteceu: engravidei já no primeiro mês de casada. Assim, nasceu meu lindo e saudável bebê Mateus. Depois de três anos, outra gravidez, e chegou em minha vida outro anjo lindo, meu filho Lucas. Porém, logo que fiquei grávida do segundo filho, minha intolerância à falta de planos e de compromisso de meu marido foi extrema; então, pedi o divórcio.

A vida de "mãe solo" não foi fácil. Meu ex-marido não pagava pensão e não morava em Curitiba. Logo se casou novamente. Para minha felicidade, minha mãe resolveu se mudar para Curitiba. Meu filho Lucas tinha cerca de um ano de idade. Morávamos em um condomínio de casas, no bairro de Santa Felicidade. A casa dela era ao lado da minha. Meu irmão veio morar com ela, e meu pai ficou em Terra Rica.

Minha mãe morou sete anos em Curitiba. Depois que meu irmão quis voltar para Terra Rica, ela decidiu acompanhá-lo. Enquanto minha mãe morava ao lado, a vida era mais tranquila, com os filhos pequenos. Desde cedo, meus filhos frequentavam escolas de período integral. Esses anos foram de trabalho intenso, mas com certa tranquilidade, por ter a família por perto.

MINHA MÃE, SIRLEI, E MEUS FILHOS, MATEUS E LUCAS, 2007.

Ainda quando meu filho Mateus era bebê, em 1999, recebi um convite desafiador: implantar o curso de Nutrição na Pontifícia Universidade Católica do Paraná (PUCPR). Eu tinha um desejo grande de testar um currículo baseado na minha vivência profissional. Aceitei o desafio e trabalhei quatro horas por dia na instituição. Além de implantar o curso, fiquei como professora por oito anos. Em 2002, enquanto ainda amamentava meu segundo bebê e trabalhava na PUCPR, na empresa e nas atividades da nefrologia, iniciei o doutorado em Ciências Médicas, Nefrologia, na Universidade Federal do Rio Grande do Sul, em Porto Alegre.

Em 2007, devido ao aumento da demanda de trabalho nas empresas e à necessidade da PUCPR de contratar doutores por período integral, decidi pedir demissão. Foi uma escolha difícil, mas por mais desafiador e arriscado que fosse, preferi trabalhar com mais autonomia, em minhas próprias empresas. Além do período de funcionária da PUCPR, tenho outra doce recordação. Vários anos após a minha demissão, houve votação, entre os alunos, para dar nome ao Centro Acadêmico. Meu nome foi escolhido. Aquela foi uma das homenagens mais significativas de toda minha carreira profissional! Meu nome permanece na porta da sala do Centro Acadêmico de Nutrição da PUCPR Curitiba até os dias de hoje.

Entre todas as minhas atividades profissionais, a que menos aprecio é falar em público. Porém, dar palestras e aulas em eventos nacionais e internacionais, geralmente sem ônus, são obrigatoriedades profissionais. Tive que assumir isso, mesmo não gostando. Em meu currículo estão listadas 382 dessas apresentações. Os momentos de que mais me recordo são aqueles "diferentes".

Em uma ocasião, durante um congresso internacional em Punta del Este, no Uruguai, eu estava prestes a começar uma palestra quando a energia acabou. Aguardamos por alguns minutos, mas ela não retornou. A organização, então, pediu que eu desse a palestra mesmo sem luz. A sala tinha aproximadamente 60 pessoas. Como não falava espanhol, eu havia cuidadosamente preparado todos os slides na língua, mas planejava falar em português. Enfim, tive que conduzir a apresentação por quarenta minutos em português, sem a ajuda dos slides e na penumbra.

Outra ocasião memorável foi dar aulas para um grupo de 35 nutricionistas da Arábia Saudita, em Dubai, nos Emirados Árabes. As palestras foram dadas em inglês. Isso não foi problema, mas o difícil foi me concentrar para falar para uma audiência de 32 homens, vestidos com túnica branca e lenço xadrez na cabeça, e somente 3 mulheres, cobertas de preto e sentadas na última fila.

EVENTO EM DUBAI PARA NUTRICIONISTAS DA ARÁBIA SAUDITA, 2016.

Terceira idade: a sabedoria e a satisfação que a vida traz

Em minha vida de empresária, a maior satisfação sempre foi o ato de dar emprego. A maioria dos meus funcionários era mulher. Muitas passaram décadas trabalhando comigo. É muito gratificante saber que, por meio do trabalho, essas mulheres sustentaram suas famílias e foram livres para fazer suas próprias escolhas de vida. Outro auxílio que sempre fiz questão foi dar bolsas para estudos universitários. Diversos funcionários se beneficiaram do programa. É impagável ver pessoas que saíram de baixo recebendo seus diplomas, com a ajuda de uma empresa que você luta para manter.

Há alguns anos, comecei a organizar minha vida para um recomeço. Meu pai faleceu há oito anos. Minha mãe, agora viúva, idosa, com diabetes e hipertensão, não quer se mudar da casa dela, em Terra Rica. Por isso, meus planos incluíram me mudar para mais perto dela. Afinal, Curitiba fica a 530 quilômetros de lá.

Para iniciar meus planos de vida nova, em 2018 vendi a empresa Nutro. Como o local onde a empresa operava – uma casa com área física especializada – ainda era de minha propriedade e não fazia parte do negócio, optei por alugá-la aos novos proprietários da empresa. O Instituto passou a ser totalmente on-line. Com isso, também aluguei a área física que ele ocupava para uma outra empresa. E aluguei o apartamento em que morávamos. Portanto, a renda dos aluguéis nos deu condição de mudar de cidade. O máximo que poderia acontecer, se tudo desse errado, era voltarmos para onde estávamos.

Assim, nos mudamos para Maringá, que fica a 110 quilômetros de Terra Rica. Meu filho Lucas, o mais novo, veio comigo, enquanto o Mateus quis ficar em Curitiba. Porém, depois de poucos meses, começou a pandemia. Sem sabermos o que fazer, nos mudamos para Terra Rica, perto de minha mãe. Logo Mateus veio morar conosco também.

Minha mãe ainda é de difícil convivência, mas aprendi a aceitar as diferenças, suas alterações de humor, o pessimismo e os comentários depreciativos. Não me importo, não sofro e não luto contra. Somente aceito. Hoje estou mais madura, e muita coisa não me afeta. Minha mãe, por mais difícil que seja, é boa e me ajudou muito. Agora, em sua velhice, o mínimo que ela merece é meu amor, meu apoio e meus cuidados.

Hoje, com os filhos crescidos, minha maior concentração de amor e ternura são os meus dois cachorrinhos da raça pug, a Suki e o Yaki. Eles são meus bebês. Dormimos e acordamos juntos. Quando acordo e digo "bom-dia", a alegria desses bichinhos me contagia. Com tanta felicidade, não há como não acordar bem, agradecendo a Deus por mais um dia. E a cada dia tenho mais certeza de que eles são anjos que vieram me acompanhar na Terra.

Estou planejando me aposentar totalmente como nutricionista e negociando a venda do Instituto. Durante a pandemia, comecei a aplicar meu novo sonho. Comprei um terreno em Terra Rica e iniciei a construção de uma casa para vender. Para a construção, contratei uma família antiga na atividade. A experiência de trabalho com eles foi fantástica! Fizemos uma parceria de trabalho. A primeira casa foi vendida antes de ser terminada. Comprei outros terrenos, e já estamos na etapa final de outra casa. Temos diversos projetos já em andamento. Abri uma nova empresa de incorporação imobiliária. Esse era o meu sonho de recomeço da vida!

Outro sonho é viajar para lugares que não conheço. Em 2023, já fiz duas viagens internacionais e, em um mês, estarei na Jordânia e em Israel. A minha intenção, para o ano que vem, é fazer uma viagem a cada dois meses. Ao fim da pandemia, eu e meus filhos voltamos a morar em Maringá. A cidade é incrível, e adoramos as pessoas. Com isso, divido meu tempo entre Maringá e Terra Rica, o que me possibilita cuidar de minha mãe e estar com meus filhos em uma cidade que amo.

Em Maringá, reencontrei uma de minhas amigas de infância, a Mary, que tem me dado suporte em muitas coisas. Logo que cheguei, conheci nutricionistas maravilhosas: Marciele, Leia, Valéria e Vanessa. Tornamo-nos amigas e sinto como se as conhecesse há décadas. Por meio delas, fui convidada para fazer parte do grupo **AuroraS**, composto de mulheres inspiradoras e empreendedoras. Lá fiz mais amigas e tive novas inspirações, particularmente a energia da Maria Eugênia. A partir dela, me integrei à Confraria Literária, que me deu a oportunidade de fazer algo sobre o qual nunca havia pensado antes: escrever a respeito de minha vida. E isso tem sido uma experiência única e terapêutica!

Para concluir, volto às palavras que deram início a este meu texto. A vida exige escolhas, e só assim vêm as oportunidades. Nem sempre nossas escolhas são as melhores, mas são nossas. Por isso, temos que ter forças e otimismo para assumir as consequências delas. Olhar para trás, para nossas quedas, não deve trazer sofrimento, mas a certeza de que elas foram necessárias para o aprendizado, que é o que nos impulsiona para a frente, deixando-nos cada vez melhores.

A sabedoria traz a paz interior e a satisfação pessoal. A sabedoria só é alcançada por quem deu oportunidade para as quedas. Levantou-se e aprendeu. É a chamada resiliência. Ao fim, o melhor é dizer: viva a vida bem vivida!

Maringá, 2022.

Grazziela Borba

Eu, em nosso apartamento em Curitiba, fotografada pelo meu padrinho, Marco Aurélio Borba, 1977.

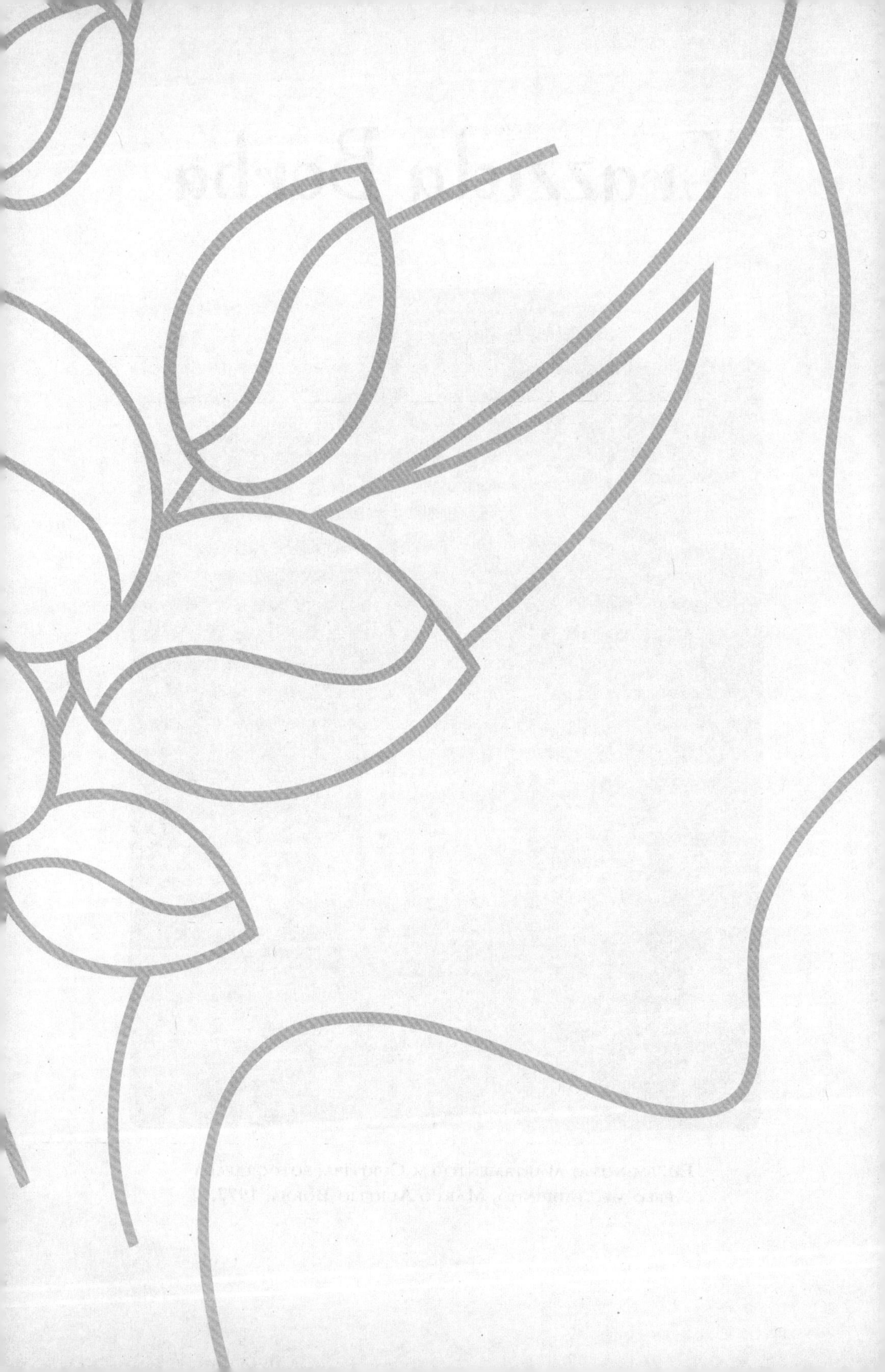

CARTA PARA A CRIANÇA
Grazzi

Ah... minha pequena Grazzi, como eu amo você! Com o amor mais sincero e profundo que se possa imaginar.

Eu poderia, por meio desta carta, contar-lhe muitas coisas que aconteceram ao longo desses quarenta e oito anos de jornada, e dizer que estou aqui para acolher e amparar você, mas não é essa a verdade...

Em 2022, por três vezes eu vivenciei a incrível e inesquecível experiência de me conectar com a minha criança interior, ou seja, de me encontrar com você! A primeira delas foi por meio de uma atividade neurolinguística. As outras duas ocorreram em aulas de yoga restaurativa.

Na primeira vez que te encontrei, você estava do mesmo jeito que aparece na minha primeira foto, usando aquele vestidinho de crochê salmão, feito pela vovó Stella. Chorei muito e pedi perdão por todas as coisas que tinha feito de errado na vida e por nos fazer sofrer. Receber o seu abraço e o seu perdão, além de muitos beijinhos, foi restaurador.

Já nas duas outras oportunidades em que nos encontramos novamente, foi você quem me acolheu nos braços, apertou as minhas mãos e me disse para seguir em frente, pois você estaria sempre ao meu lado e jamais me abandonaria.

Dessa forma, foi você quem me amparou. Somos parceiras incríveis e juntas nos tornamos mais fortes.

Ainda temos muito o que aprender uma com a outra, e tenho certeza de que ainda viveremos muitas aventuras juntas.

Te amo... para todo o sempre!

Meu nome é Grazziela Picanço de Seixas Borba, nascida em 9 de janeiro de 1975, na Ilha do Governador, Rio de Janeiro, quando ainda era parte do antigo estado da Guanabara. Sou filha de uma mãe carioca, Sônia Maria Picanço de Seixas Borba, e de um pai curitibano, Luís Carlos Borba.

Sou carioca da gema. Muitos não sabem o que significa essa expressão. Temos o costume de chamar todos do estado do Rio de cariocas, mas quem nasce no estado do Rio de Janeiro é fluminense. Carioca, só quem nasce na cidade do Rio de Janeiro.

No fim da gestação, a primeira de minha mãe, ela decidiu ir para o Rio de Janeiro para ficar perto de sua mãe, minha avó Dora, e de suas outras 2 irmãs, tias Cristina e Suzana, que também estavam grávidas no mesmo período. Nasci em 9 de janeiro; meu primo Fábio, em 1º de fevereiro; e minha prima Patrícia, em 25 de fevereiro.

Como acabei tendo alguns probleminhas de saúde após o nascimento (confesso não lembrar quais foram), permanecemos no Rio por seis meses para que eu pudesse ter o acompanhamento do Dr. Rinaldo Delamare, pediatra que escreveu o tão famoso livro *A vida do bebê*, publicado pela primeira vez em 1941 e seguido por outras 46 novas edições. O livro sempre foi o mais procurado pelas gestantes e novas mamães.

Dessa forma, minha primeira viagem de avião foi aos 6 meses de vida, voltando do Rio de Janeiro para Curitiba, cidade onde morei até os 7 anos de idade (1982). Em Curitiba, morei na Rua Conselheiro Laurindo, bem no Centro e próximo do Passeio Público, local de onde tenho muitas lembranças, pois meus pais sempre me levavam para passear lá. Outro lugar que marcou minha infância foi a Praça Santos Andrade, da Universidade Federal do Paraná (UFPR). Tenho milhões de fotos nela, minha mãe me levava para andar de velocípede todos os dias. Tenho, inclusive, um episódio interessante.

Certo dia, quando chegamos à praça, eu estava andando de velocípede e me deparei com uma turma de meninos em situação de rua tomando banho no grande chafariz da praça. Não tive dúvidas: saí correndo e me atirei no chafariz para nadar com eles. Fui salva por um dos meninos, que me puxou pelos cabelos e me entregou para minha mãe (eu devia ter uns 3 anos, mais ou menos). Minha mãe disse que a vontade dela era chegar em casa e me dar um banho com creolina. Também tenho lembranças maravilhosas do Teatro Guaíra e do Guairinha, pois minha mãe sempre me levava para ver os espetáculos infantis. Um que guardo com muito carinho na memória foi ter visto *Os saltimbancos*, com os Trapalhões e a Lucinha Lins.

No período em que moramos em Curitiba, fomos sócios do clube de campo Santa Mônica, no qual também tive um episódio inesquecível. Um belo dia, ao passar pela roleta da piscina olímpica, não esperei meus pais e saí correndo, até me atirar na parte mais funda da piscina. Mais uma vez, fui salva por um bom samaritano, que me puxou pelos cabelos e me entregou para minha mãe.

No quesito "ser arteira", Laurinha e Beatriz não fizeram 10% do que eu fiz quando era criança... Ainda em Curitiba, fui parar no médico por duas vezes: uma porque tinha enfiado grãos de feijão no nariz; outra, porque tinha arrebentado um colar de contas da minha mãe e colocado todas as contas onde? Sim, no nariz.

Na Conselheiro Laurindo, morávamos em um prédio, acho que no 5º andar, e eu tinha o costume de jogar roupas e brinquedos pela janela do meu quarto, os quais caíam numa espécie de parapeito bem largo. Em um desses episódios (aqui acredito que eu já tinha 5 ou 6 anos), minha mãe me fez descer na portaria e pedir para o porteiro abrir a porta que dava para esse espaço, a fim de pegar o que eu havia jogado pela janela. Lembro-me de ter escorregado em umas sementes, e esse tombo me rendeu uma fratura na clavícula esquerda, na época em que o tronco inteiro ficava engessado. Fiquei só com o braço direito livre.

Meu pai, que é advogado, e minha mãe, bióloga, sempre compartilharam uma paixão por livros, algo que naturalmente foi transmitido para mim. Durante nossa estadia em Curitiba, meu pai era bastante próximo do proprietário da Livraria Ghignone, uma loja muito tradicional na cidade. Além dos livros que ele comprava para si, eu também recebia muitos presentes na forma de livros infantis do dono da livraria. Essa conexão especial com a livraria contribuiu significativamente para o meu amor pela leitura desde uma idade precoce.

A lembrança da livraria me remeteu, imediatamente, à outra, muito, muito especial. Todos os domingos, meu pai me levava para passear na Rua das Flores (só nós dois). Ele me levava para "pintá tinta" no calçadão e depois íamos à lanchonete/bar Triângulo comer cachorro-quente e beber Chocomilk de garrafinha. Ainda morando em Curitiba, fiz o antigo pré-escolar no Círculo Militar, Jardim de Infância General Osório. Já os dois primeiros anos primários, cursei no Instituto de Educação, onde também tive outro episódio de traquinagem. Eu era bem arteirinha.

Um belo dia, juro que não sei o que meu deu na cabeça, despejei a macarronada da merenda do alto do segundo andar, e ela acabou caindo na cabeça de uma aluna. Resultado: fui parar na diretoria, e meus pais foram chamados no colégio.

Durante meus primeiros 7 anos de vida, minhas férias eram intercaladas entre o Rio de Janeiro, para visitar a família da minha mãe (avós, tias, tios e primos) e Maringá, onde moravam os meus avós paternos, Altino Borba e Stella de Pazzi Schmidt Borba, de quem, apesar do pouco convívio, tenho lembranças maravilhosas e inesquecíveis. Uma delas é que sempre que íamos de Curitiba para Maringá, não importava a hora em que chegássemos, minha avó Stella estava nos esperando com uma canja deliciosa. Ainda hoje fecho os olhos e sou capaz de sentir o cheiro da canja ao entrar no apartamento deles.

EU E MEU PAI, LUÍS CARLOS, NO CALÇADÃO DA RUA DAS FLORES EM CURITIBA, 1978.

Nossa mudança para Maringá, em 1983, foi motivada pelo falecimento do meu avô Altino, em 14 fevereiro de 1982, quatro dias após o seu aniversário. Ele morreu fazendo o que mais gostava: assistindo ao seu time do coração jogar (Grêmio Maringá). Ele estava na tribuna dos jornalistas, no Estádio Willie Davids, e, depois do segundo gol do Grêmio, enfartou na cadeira.

Meu pai não queria deixar minha avó Stella morando sozinha. Decidiu se mudar para Maringá, o que acabou indo ao encontro de uma proposta de trabalho do Dr. Said Ferreira. Na época, ele era candidato a prefeito, e, de fato, acabou ganhando as eleições. E o meu pai foi procurador jurídico do município em sua primeira gestão.

Só que nesse meio-tempo, sete meses para ser mais exata, minha avó faleceu dormindo, como disseram meu pai e minha mãe, de saudades do meu avô. E eu acredito... Mais de sessenta anos juntos! Mas como a mudança já estava programada, no fim de 1982 eu chegava, definitivamente, em terras maringaenses. Digo até hoje para todo mundo que sou carioca de nascença e maringaense de coração. De fato, não penso de forma alguma em morar em qualquer outra cidade do país ou do mundo. Minha vida aconteceu aqui, todas as coisas boas e as ruins também, e aprendi a amar essa cidade com todo o meu coração.

Não posso me esquecer de contar que tenho um irmão, o Luís Altino (Luís, para homenagear o meu pai; e Altino, para homenagear o meu avô), que é 5 anos mais novo do que eu. Confesso que essa diferença de idade, para mim, foi complicada durante muitos anos, pois, quando ele nasceu, perdi o "trono" de filha única. Quando fiz 10 anos, ele tinha 5 e era uma verdadeira "peste" de tão arteiro. Desde cedo, destruía a maioria dos meus brinquedos. Aos 15, eu estava em plena adolescência, e ele ainda era uma criança, com 10. Eu, aos 20, já na universidade, ele com 15, na "aborrescência".

Passamos a nos dar bem quando entrei na casa dos 25. Hoje em dia, eu com 48 e ele com 43, nossa relação melhorou bastante e temos muito amor um pelo outro. Com ele, descobri que o amor também é construção. Também tenho lembrança de algumas "artes" já morando em Maringá, das quais o meu irmão participou comigo. Uma delas foi logo quando mudamos de Curitiba para Maringá e ainda morávamos no apartamento dos meus avós, no Edifício Maria Tereza, na Av. Getúlio Vargas. Um belo dia, estávamos "tomando" leite condensado na lata, quando resolvemos jogar a lata pela janela do 13º andar! A lata, literalmente, afundou o capô de um carro. O castigo foi feio, e o meu pai, claro, teve que arcar com o prejuízo do conserto do carro.

Outra traquinagem aconteceu quando já estávamos morando em uma casa na Rua Padre Marcelino Champagnat, na zona 2. Mais precisamente, o incidente ocorreu na casa da vizinha. O sobrinho dela, que vinha de Ribeirão Preto para passar as férias, era muito amigo do meu irmão. Eu devia ter por volta de 12 anos nesse episódio. Decidimos ver o que aconteceria ao colocar uma lagartixa dentro do micro-ondas. Que desastre! A lagartixa explodiu. Lembro de ter ficado muito triste, pois, na minha ingenuidade, não imaginava que a lagartixa iria morrer.

Tive uma infância muito feliz e, ao mesmo tempo, muito difícil. E pode parecer contraditório, mas vou explicar. Meu pai nunca nos deixou faltar nada financeiramente e, para mim, também nunca faltou carinho e amor. Mas a relação dele com a minha mãe sempre foi muito conturbada. Eles tinham vinte e quatro anos de diferença. Quando se conheceram, minha mãe tinha 18 e ele, 42. Para deixar essa diferença ainda mais gritante: minha mãe nasceu em 1954 e, quando completava seu primeiro ano de vida, meu pai já estava se formando em Direito pela UFPR, em 1955.

Meu pai era muito machista, autoritário e tinha problemas com a bebida. Por isso, minha mãe sofreu durante vários anos com essa conduta. Logo, eu e meu irmão também sofremos por ver o sofrimento dela. Da adolescência, tenho boas lembranças, mas não como na infância, pois sofri muito o que hoje chamamos de *bullying*, tanto na escola como com os "amigos". A partir dos meus 7 anos, comecei a engordar, chegando a pesar 90 quilos perto dos meus 15 anos, o que é muito para uma garota com apenas 1,66 metro.

Desde criança, sempre tive a certeza de que queria ser advogada. Falava isso para todos ainda muito pequena. Meu pai nunca dava bola. Na minha família, meu avô Altino era advogado (também foi ferroviário, jornalista e poeta), meu pai era advogado, meu tio e padrinho, Marco Aurélio Borba, era jornalista e advogado. Eu brincava que isso estava no DNA da família e que ninguém conseguia fazer nada diferente. Mas meu pai nunca deu bola. Só quando eu cheguei no terceirão, nas vésperas do vestibular, é que ele me chamou para conversar e perguntou se eu tinha certeza de que queria mesmo o Direito para a minha vida. Respondi que sim; então, ele falou que me apoiaria.

Acho que, no fundo, ele tinha medo de me apoiar desde cedo e achar que minha escolha estava sendo influenciada por ele. Além do mais, ele tinha uma visão muito interessante da faculdade. Meu pai pensava que ninguém deveria ingressar tão jovem em uma universidade, sem experiência, sem maturidade. Na opinião dele, os jovens deviam estudar línguas, viajar para o exterior (se possível, é claro) e só depois escolher um curso superior. Acho que ele estava, e continua, certo, pois são poucos de nós que, tão cedo, temos certeza da profissão que queremos abraçar para o resto das nossas vidas.

Meu pai sempre me apoiou em tudo que fiz. Quando adolescente, quis fazer aulas de piano, e ele me deu um piano de presente. Pena que, por conta do vestibular, acabei deixando as aulas, que fiz por apenas dois anos. Mas o piano está na casa da minha mãe até hoje. Brinco que, quando me aposentar, vou fazer um curso de piano livre para poder voltar a tocar.

Prestei meu primeiro vestibular aos 16 anos e não passei, assim como não passei em diversos outros. Na minha época de estudante, só tinha o curso de Direito na Universidade Estadual de Maringá (UEM), no qual ingressei em 1994. Nesse mesmo ano, começou a primeira turma de Direito do antigo Cesumar. Sinto muito por meu pai não ter participado dessa grande alegria, pois ele faleceu de câncer na medula óssea em 5 de novembro de 1993, bem no dia do aniversário da minha mãe. Durante a doença, ele costumava dizer que, quando morresse, nós o esqueceríamos, tinha muito medo de ser esquecido. Então, eu brinco que esse foi o grande presente de grego que ele deu para minha mãe, pois, morrendo no seu aniversário, enquanto ela fosse viva (e ainda é), nós lembraríamos dele.

A doença do meu pai foi devastadora em vários sentidos. Primeiro, pela doença em si, que veio de forma sorrateira e rápida demais. Meu pai sofreu uma queda na virada do Ano-Novo e foi internado no dia 1º de janeiro de 1993. No hospital, sofreu mais uma queda ao ir ao banheiro. O suporte que segurava o soro atingiu o fígado ou o rim, não lembro mais, e, ao realizarem um ultrassom, detectaram algo errado. Entre fevereiro e março, saiu o diagnóstico do câncer e, na sequência, começou o tratamento.

Naquela época, os planos de saúde ainda eram incipientes. Quase ninguém tinha, e o meu pai também não. Então, a doença foi devastadora na questão financeira, pois meu pai tinha recém-vendido o apartamento dos meus avós para comprarmos uma casa, e o dinheiro todo da venda foi usado no tratamento do câncer. Também, naquela época, não havia todo esse cuidado que existe hoje, o amparo psicológico para a família ou aqueles que cuidam do paciente oncológico. Simplesmente levamos meu pai para casa. Uma vez por mês, ele tomava, durante cinco dias, os comprimidos da quimioterapia e passava muito, mas muito mal mesmo. Eu, minha mãe e meu irmão não estávamos preparados para aquela situação.

Meu pai foi definhando ao longo dos meses, o que me consumia, pois, apesar de todos os defeitos, ele também tinha inúmeras qualidades; e eu sempre tive consciência de que ele era o meu pai, acima de tudo. Eu sabia enxergar que, como homem e marido, ele deixou muito a desejar, mas também conseguia enxergá-lo como o pai maravilhoso que sempre foi para mim.

A saudade, que antes doía e machucava, ao longo dos anos se transformou em lembranças, e eu acredito que um dia nos reencontraremos na pátria espiritual. E, por falar em espiritualidade, a questão que envolve a morte do meu pai foi muito interessante, pois ele sabia o dia em que iria morrer. Sim, isso mesmo que você leu. Meu pai sabia exatamente o dia em que iria morrer (no aniversário da minha mãe), e ele preparou tudo, mas nós só nos demos conta disso muito tempo depois, refletindo sobre o que tinha acontecido.

Na segunda (1/11), depois que minha mãe lavou as calçadas, meu pai a fez colocar as gaiolas dos passarinhos (1 canário e 2 periquitos) bem na entrada da casa. Assim, ao saírem pela porta, todos davam de cara com os passarinhos, que somente eram alimentados pelo meu pai; ou seja, se continuassem no fundo da casa, a maior probabilidade é de que morressem pouco tempo depois dele.

Na terça (2/11), meu pai telefonou para o meu tio Ronaldo, seu irmão caçula, que na época estava treinando um time de futebol no interior de Minas Gerais. Os dois conversaram por mais de duas horas, segundo minha mãe; perdoaram-se e se entenderam. Eles não se falavam havia anos.

Na quarta (3/11), na hora do almoço, meu pai fez com que eu me atrasasse para o cursinho, insistindo para eu ligar para a tinturaria Nakatani, pois queria de qualquer jeito que fossem buscar um terno dele para lavar. Lembro de ter ficado brava na época, pois meu pai nem trabalhava mais, muito menos ia a audiências.

Na quinta (4/11), meu pai começou a se sentir mal e estava bem fraco; não queria ficar em casa, mas o seu oncologista estava fora, participando de um congresso. Ele conversou com o Dr. Pupulim, amigo de longa data, que o aconselhou a ir para a Santa Casa tomar uma bolsa de albumina, por conta da anemia.

Depois de todo o procedimento no hospital, meu pai pediu para que minha mãe fosse até a recepção pagar pela albumina utilizada. Nesse ínterim, ele começou a passar mal e foi atendido pela equipe médica, ficando internado. Como minha mãe saiu do quarto, ela não chegou a ver meu pai passando mal; sua última lembrança foi o jeito sereno dele ao receber a medicação.

Na sexta-feira (5/11), por volta das 10 horas, o Dr. Pupulim telefonou para minha mãe e pediu para que ela fosse até o hospital, mas não deu detalhes da situação do meu pai. Eu, no fundo, senti que ele já tinha falecido e comecei a arrumar a casa toda como uma alucinada, na certeza de que, depois, ela ficaria repleta de gente.

Por volta de 11h30, minha mãe telefonou do hospital, avisando que meu pai tinha falecido e que teríamos de tomar diversas providências, entre as quais, escolher uma roupa para o velório/sepultamento. Na sequência, quando eu mal tinha desligado o telefone, aos prantos, a campainha tocou. Adivinhe quem era? O rapaz da tinturaria Nakatani, entregando o terno do meu pai, o que ele mais gostava, limpo e impecável, e com o qual ele foi sepultado. Ele, de fato, já havia pressentido que a hora de partir estava chegando, e fez o que foi possível. Toda vez que lembro desses momentos não consigo deixar de me emocionar e chorar.

Depois da morte do meu pai, enfrentamos muitas dificuldades (tanto financeiras como emocionais). Apesar de ele ter falecido relativamente novo (com 62 anos), minha mãe ficou viúva com apenas 38 anos, muitas contas para pagar e 2 filhos para terminar de criar: eu com 18 e o meu irmão com 13.

Tivemos de nos mudar da nossa casa para um apartamento e arranjar um novo lar para nossa cachorra Dunga (que era mistura de boxer e fila), não tínhamos condição de levá-la conosco. Essa foi a minha segunda grande perda, em questão de meses. Ela tinha cerca de 10 anos e estava conosco desde filhote. Foi a cachorra da minha infância e da do meu irmão, e falar sobre os momentos inesquecíveis com ela daria um livro.

Na época, o meu noivo (como soa estranho lembrar-me dele e do fato de que um dia fui noiva) arrumou um casal produtor de uvas em Marialva, que morava em um sítio com outros cachorros e crianças, que aceitou receber a Dunga em seu lar. O combinado era que esperássemos cerca de uns seis meses para então visitá-la, até que estivesse totalmente adaptada ao ambiente, pois antes disso só seria sofrimento para nós e para ela.

Mas não deu tempo, ela morreu antes. Segundo o senhor que a acolheu (não me recordo mais do nome), ela morreu de saudades, pois nunca mais foi a mesma. Não queria saber de brincar com os outros cachorros e com as crianças, e ficava sempre deitada num canto, olhando a vida passar, até que um dia ele deixou a ração do lado dela, à noite, e disse que no dia seguinte, ao encontrá-la morta, ela estava na mesma posição. Como eu sofri essa perda. Minha cachorra amada. Chorei dias a fio.

Agora me pego pensando na universidade, foram três longos anos fazendo cursinho até conseguir ser aprovada em 2ª chamada para o curso de Direito noturno da UEM, em 1994. Como o resultado da 2ª chamada só saiu em fevereiro, e estávamos passando por uma reformulação total na vida, após a morte do meu pai, eu já tinha arranjado o meu primeiro emprego como vendedora em uma loja de roupas infantis, na Av. XV de Novembro (Baby Shopping). Trabalhei por apenas seis meses, pois, no segundo semestre, consegui um estágio remunerado pela UEM na clínica de odontologia DOD, na qual tive uma experiência muito legal, vendo o dia a dia dos dentistas e aprendendo a esterilizar todo o material deles nas autoclaves.

Pode soar clichê, mas, com certeza, os anos na universidade estão entre os melhores da minha vida. Aproveitei muito (festei pra caramba!), também estudei muito e tive a oportunidade de fazer estágios nas mais diversas áreas (escritório de advocacia, INSS, penitenciária etc.).

Gostei muito de todos os estágios que fiz durante a universidade e tenho muita gratidão por todos os profissionais que muito me ensinaram; em especial, o que mais marcou o meu coração foi o estágio que fiz durante dois anos na Penitenciária Estadual de Maringá, de 1996 a 1998. Lá, fiz amigos que levei para a vida, mas, acima de tudo, pude "exercer", pelo menos por dois anos, o direito penal e o processo penal (execução da pena), que sempre foram minhas matérias prediletas.

Na penitenciária, eu e os demais estagiários, sob a supervisão da advogada responsável, fazíamos atendimento jurídico aos presos, informando sua situação processual, requerendo os mais diversos benefícios (progressão para o regime semiaberto, indultos de Natal e do Dia das Mães, liberdade condicional etc.). Outra situação que me marcou durante esse estágio era o atendimento que dávamos às famílias dos presos (em geral, mães e esposas) que procuravam a assistência social da penitenciária, querendo saber a situação jurídica dos presos. Foi um período de muito aprendizado, muito além do que só aprender o Direito; aprendizado para a vida, envolvendo ter outro olhar sobre aquele que é tido como criminoso e afastado da sociedade.

Entender um pouco mais sobre os motivos, a história de vida de cada um, realmente foram aprendizados que jamais esquecerei.

Durante a faculdade, conheci o Beto (Carlos Alberto), meu colega de turma, que foi o responsável por me proporcionar a jornada mais fantástica dessa vida, que é ser MÃE! Namoramos durante a faculdade e ficamos dois anos juntos. Apesar das diferenças e de um término de relação um tanto quanto conturbado, ele sempre foi o melhor pai que minha filha poderia ter. Hoje em dia, temos uma relação muito saudável, graças a Deus!

A Beatriz veio ao mundo no dia 21 de dezembro de 1999, o melhor presente de Natal que eu poderia ganhar na vida. Em 2023, ela completou 24 anos, mas, quando penso nela, o coração transborda de felicidade e as memórias vêm à tona com muita facilidade. Sou muito grata a Deus pela oportunidade de receber em meus braços essa filha tão especial, que me ensina todos os dias a ser melhor, por ela e hoje pela Laura também. Sem sombra de dúvidas, a maternidade é o que há de mais importante em minha vida, e minhas filhas são o melhor de mim.

Mas é claro que na vida de qualquer mulher nem tudo são rosas... Ser mãe de primeira viagem nunca é fácil, e na época em que ela nasceu eu era recém-formada, tinha começado a trabalhar em um escritório de advocacia quando estava com 4 meses de gestação. Seria só até o parto, para "cobrir" o desligamento de um colega. Graças a Deus e à minha chefe, é claro, Dra. Ângela, que gostou muito do meu trabalho, mesmo depois do nascimento da Bia fui convidada a continuar e permaneci advogando por cerca de dois anos e meio.

O início da carreira não foi fácil. Para complementar a renda, ainda com a Beatriz muito pequena, lembro-me de ir aos domingos para o escritório, trabalhar nos processos particulares. O porteiro do prédio, o Shimabukuro, na Av. Brasil, costumava me ajudar a subir as escadas da entrada com o carrinho de bebê. Eu passava a tarde, e às vezes o dia todo, trabalhando, com a Bia dormindo no carrinho, e a minha mesa de trabalho servindo de trocador de fraldas.

Depois desse período, tive a oportunidade de abrir meu próprio escritório com um grande amigo da faculdade, o Dr. Matheus Felipe de Castro.

Nessa parceria, também aprendi muito sobre o Direito. Após alguns anos, o Matheus seguiu para Florianópolis para cursar o mestrado. Atualmente, ele já conquistou o título de doutor e se tornou um destacado professor universitário, além de ser um excelente advogado, é claro!

Com a saída dele, permaneci com o escritório por mais um tempo, contando com colegas muito queridos (Carol, Alessandro e Rodrigo), que contribuíam para o pagamento das despesas. No entanto, a Bia era muito pequena e, por conta da minha crescente preocupação com o seu futuro e educação, tomei a decisão de ingressar em um grande escritório de advocacia. Essa oportunidade surgiu por meio da Michelli, minha colega de faculdade, melhor amiga, madrinha das minhas filhas e uma verdadeira irmã que a vida me deu de presente.

Na Advocacia Wanderlei de Paula Barreto, trabalhei em dois períodos distintos. O primeiro foi entre 2004 e 2005. Depois, de 2006 a 2007, decidi colaborar com meu irmão, Luís Altino, em outro escritório de advocacia. Nessa transição, recebi uma proposta salarial atrativa e a perspectiva de muitos ganhos. Entretanto foi nesse escritório que enfrentei meu verdadeiro "inferno astral", culminando na minha saída no início de 2008, diretamente para o hospital, onde fiquei internada por quinze dias e quase morri.

Nesse mesmo ano, retomei com fé e força total o meu vínculo com o Espiritismo, para nunca mais me afastar. Sou filha de mãe católica, não praticante, e de pai espírita, não praticante. Apesar de ter sido batizada na Igreja Católica e feito a Primeira Comunhão, desde muito criança sempre me senti atraída pelo Espiritismo (doutrina que esclarece e responde, até hoje, todos os meus questionamentos de cunho filosófico e espiritual). Em 2008, tive a oportunidade de retornar à Advocacia Wanderlei de Paula Barreto, onde advoguei por dezesseis anos. Em 31 de agosto de 2023, desliguei-me definitivamente para alçar novos voos, dessa vez sozinha.

Sou muito grata por todos os anos em que lá trabalhei, pois tive a oportunidade de ampliar meus conhecimentos profissionais, adquiri muita experiência e trabalhei ao lado da minha melhor amiga e maior incentivadora. Em 2012, logo após retornar de uma viagem à França que fiz com a

Bia (que desde pequena preferia conhecer Paris à Disney), conheci aquele que viria a ser o meu grande amor e companheiro de vida, o Mauro.

Começamos a namorar em outubro de 2012 e, em outubro de 2013, decidimos morar juntos. Com isso, lá se vão onze anos de muito companheirismo (mas também de muitas brigas, crises e dificuldades financeiras). No entanto, o amor sempre falou mais alto, e com muito diálogo e respeito, espero permanecer ao seu lado pelo resto da vida que Deus me conceder.

A princípio, a nossa nova família era formada apenas por mim e pela Bia, e o Mauro e suas duas filhas (Camila e Giovana), o gato (Horácio) e a cachorrinha (Mel, que hoje é uma linda estrelinha a brilhar no Céu). No entanto, quis o destino, na verdade, esse era mais um dos grandes planos de Deus para minha vida, que nossa família não ficasse apenas assim. No dia 15 de setembro de 2015 (o segundo dia mais especial de toda a minha vida), às 17h23, nascia o grande amor da minha vida: a Laura (Laurinha, Laureta, Laurex).

Eu e meu esposo, Mauro, 2023.

Ela veio para revolucionar a vida de todos nós! Fez com que o Mauro e eu tivéssemos nossas energias renovadas. Confesso que no início da gravidez passamos por um grande susto, pois a Laura não havia sido planejada, e eu ia ser mãe aos 40 anos! Para mim, isso era algo absurdo, como eu poderia ser mãe se tinha idade para já ser avó? Tinha isso em mente porque, quando a Bia nasceu, a minha mãe se tornou avó com apenas 45 anos.

Eu e minhas filhas, Beatriz 24 anos e Laura, 8 anos, 2023.

Aos poucos, fui me acostumando com a ideia e percebendo que muita coisa tinha mudado desde que eu tinha me tornado mãe da Bia (com 24 anos). A maioria das mulheres hoje em dia está adiando a maternidade (dos 35 em diante, e algumas até mesmo depois dos 40), em função da carreira profissional. Apesar de já ser mãe, foi como começar tudo de novo. Lembro do meu obstetra falando que, após o intervalo de cinco anos entre um parto e outro, voltamos a ser primigesta, ou seja, como se fosse a nossa primeira gestação.

Nesse período inicial, além do apoio do Mauro (que é um pai excepcional), a Bia foi muito mais do que uma irmã e uma filha; em muitos momentos, ela foi uma verdadeira mãezinha para a Laura. Isso é simplesmente fantástico, pois sei que se um dia não estiver mais entre elas fisicamente, terão uma à outra, e esse grande amor será o laço que as manterá unidas por toda a vida. Por conta da Laurinha, outra pessoa muito especial surgiu em minha vida há seis anos. A Adriane Maragno, minha psicóloga (para o resto da vida. Brincamos aqui em casa que eu dou o divórcio para o Mauro, mas que jamais vou largar a Adriane... *risos*).

Nunca esquecerei que ganhei uma consulta de presente da minha mãe, quando a Laurinha estava prestes a completar 2 anos, pois eu precisava de ajuda para tirá-la do peito. O Mauro brincava, na época, que quando a Laura completasse 18 anos e estivesse na faculdade, ia pedir um "tetê" para a mamãe antes de sair de casa. E nunca vou esquecer de nossa primeira sessão. Eu lá, achando que o meu único problema era desmamar a filha caçula, ah... ledo engano, como as lágrimas brotaram com facilidade (jorraram mesmo). Naquele instante, percebi como colocava tudo e todos em primeiro plano e tinha esquecido de mim mesma.

Desde então, nunca mais parei de fazer terapia e, hoje em dia, ainda tenho a

Eu, meu esposo, Mauro, e nossa caçula, Laura, 2019.

grata oportunidade de participar de um projeto fantástico da Dri, que são as rodas de conversa, por meio das quais lemos livros sobre educação positiva e respeitosa. Ou seja, estudamos para melhor educarmos os nossos filhos.

A pandemia foi um período difícil na história da humanidade e que vai ficar marcado na vida de todos nós. Mas, apesar de tanto sofrimento, é inegável reconhecer que inúmeras coisas positivas também aconteceram por conta dela. No início, o *home office* foi um verdadeiro caos. Criança, cachorro, gato, marido, mulher. Todos confinados dentro de casa e tendo que trabalhar no mesmo ambiente em que a TV ficava ligada, a Laura brincava e tudo mais. Mas aos poucos fui me adaptando e, hoje, mesmo com o término da pandemia e o retorno às atividades presenciais, consegui me manter em casa pelo período da manhã e vejo como isso fez a diferença na minha relação com ela.

Depois da pandemia, confesso que me vi completamente desgastada no meu relacionamento com o Direito. Estava muito desgostosa, cansada, estressada e com vontade de largar tudo. Nesse período, conheci os óleos essenciais por meio de outra grande amiga, a Ângela, e como fiquei maravilhada! Como é fantástico poder cuidar da saúde de uma forma natural. Como eu fiquei impressionada com os resultados e queria entender todo o processo, fui fazer um curso de aromaterapia, que virou um *hobby*, mas acabou se tornando uma nova fonte de renda.

Passei não só a vender os óleos da marca que utilizo, mas, principalmente, a atuar como aromaterapeuta, auxiliando as pessoas nos cuidados da saúde física e emocional. Mas o meu entusiasmo não parou por aí. Em 2022, depois de vinte e três anos longe dos bancos escolares, resolvi fazer uma nova graduação e, atualmente, sou aluna do curso de Terapias Integrativas e Complementares na UniCesumar. Se tudo correr bem, a conclusão do curso ocorrerá em julho de 2024.

Juro que não me imaginava fazendo uma nova graduação, depois de tantos anos, mas descobri em mim uma força incrível, uma vontade de continuar aprendendo, cada vez mais. O conhecimento é algo maravilhoso. Ele te liberta, te dá poder. E se você tem a oportunidade de colocar esse conhecimento em prática, em prol dos outros, buscando sempre dar o seu melhor, ah, isso é simplesmente fantástico. Mas quem disse que eu consegui abandonar o Direito? Confesso que a nossa reconciliação não foi fácil e, a princípio, também não foi por livre e espontânea vontade, mas ao contrário, como brincamos no trabalho, por livre e espontânea pressão.

Devido a mudanças de mercado, crises financeiras e outros detalhes sórdidos (que dariam outro livro...*risos*), precisei me reinventar no Direito e acabei "esbarrando" no Direito Médico. Foi paixão à primeira vista, e essa paixão veio com intensidade. Mergulhei nesse universo em busca de conhecimento e, hoje, o Direito da saúde faz parte da minha área de atuação.

Passei a ter um perfil profissional no Instagram (@grazzielaborbaadvogada), que é conduzido e alimentado por uma profissional competentíssima e de alto gabarito (Bia, minha filha maravilhosa!), e já estou começando a colher os frutos desse novo trabalho. Hoje estou iniciando uma nova fase profissional em minha vida, com muita fé e confiança de que, com esforço e dedicação, vários frutos ainda serão colhidos.

Para finalizar essa história, é preciso reconhecer que foi por meio da aromaterapia que eu tive a grande oportunidade de conhecer e ingressar nas **AuroraS**, grupo fabuloso de mulheres empreendedoras, que vai muito além do simples *networking*. São mulheres que se tornaram amigas, que se preocupam umas com as outras, que se ajudam e se apoiam, com quem aprendi que não temos que considerar as outras mulheres nossas concorrentes.

Todas têm oportunidade para brilhar e conquistar o seu espaço sob o Sol (renascendo cada dia); sozinha eu até posso chegar mais rápido, mas juntas podemos ir muito mais longe. E eu espero continuar a contar com as *AuroraS* ao longo desta linda caminhada chamada vida.

Eu em 2022.

Herminia Vasconcelos

Eu com 2 anos, em Londrina, 1956.

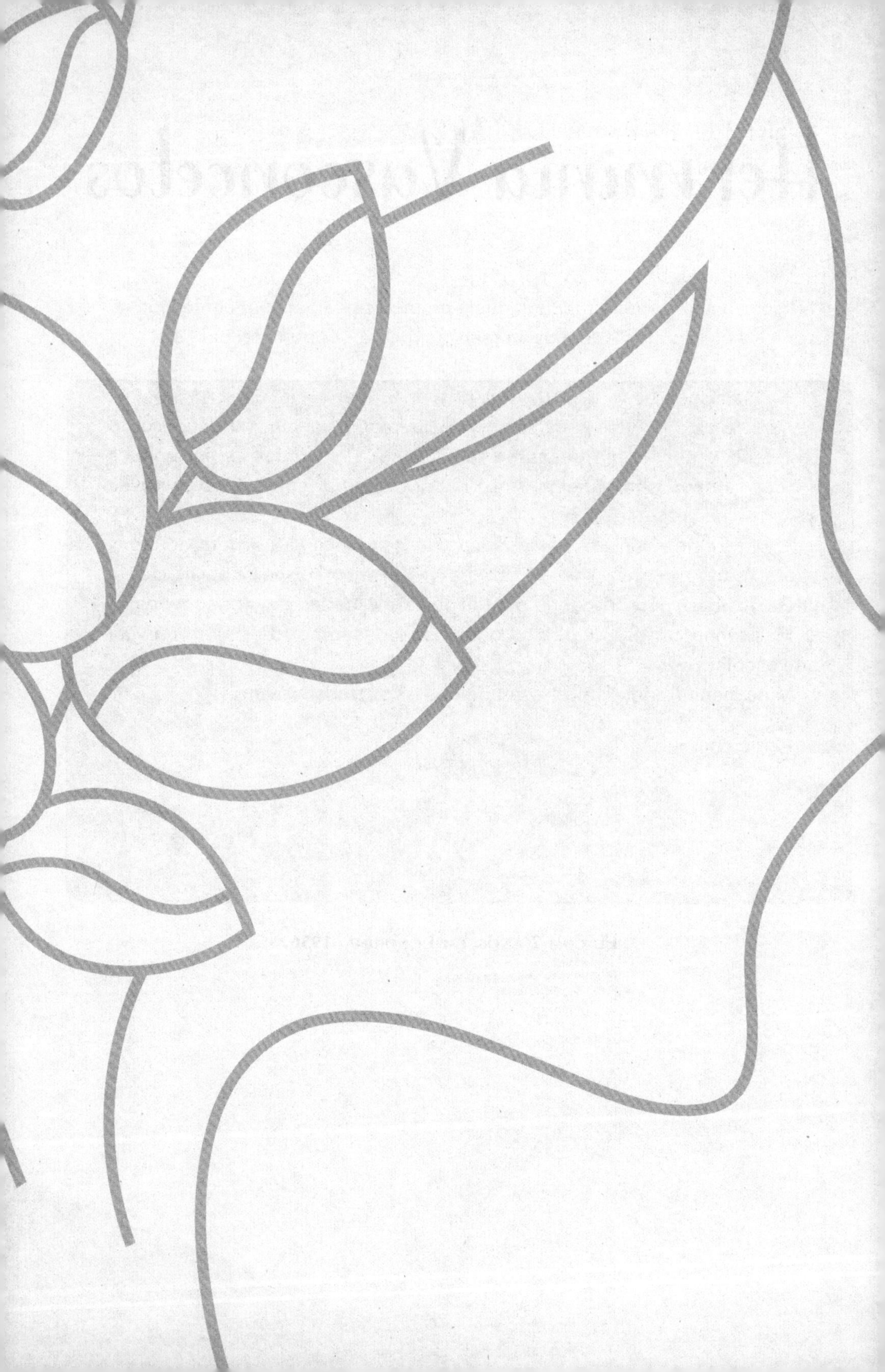

CARTA PARA A CRIANÇA
Mina

Hoje eu acordei lembrando daquela criança que eu era, inocente, que só brincava nas árvores e com os animais no quintal, e perguntei para ela:
– O que você fez da sua vida?
Ela me disse:
– Eu fiz as melhores escolhas, eu fiz as piores escolhas e delas sou o resultado, a mulher em quem me transformei. Com todos os perrengues vividos, superei, sou honesta, trabalhadora e sempre em busca de novos sonhos e novas realizações.
A gente começa a vida, nasce, vira criança, adolescente, jovem, adulto e, agora, terceira idade. E a nossa cabeça continua em busca de novos ideais, cheia de novas possibilidades, muitas opiniões, muitos desejos e medos.
Mas tenho certeza de que fui o melhor de mim mesma, dentro da vida que escolhi viver.
Mina menina, superamos, aprendemos e nos transformamos.
A lagarta virou borboleta.
E voou.

Sou filha de imigrantes espanhóis que vieram para o Brasil na década de 1950, para fugir da guerra.

Meu pai, Jesus Vicente Nieto Yanez, e minha mãe, Herminia Darriba Fernandez.

Minha mãe veio grávida de mim. Assim, nasci no Brasil, na cidade de Londrina, no Paraná, em 1954. Logo que meus pais chegaram ao Brasil, compraram um sítio em Astorga, também no interior do Paraná, onde vivi até os 8 anos. Além desse sítio em Astorga, meus pais possuíam outro na cidade de Jaguapitã, também no estado do Paraná. Esse sítio era especial, com plantações de café e uma invernada para pouso de boiada, uma cena espetacular de convívio com a natureza e os animais.

Minha infância foi maravilhosa, repleta de animais ao meu redor, uma vida livre, escalando árvores e montando a cavalo. Sendo filha única, transformei meus bichos em meus companheiros, fossem galinhas, vacas ou cabritas. Era uma vida alegre em um lugar cheio de amor. Nossa casa no sítio era de madeira, construída por alemães, seguindo o típico estilo deles.

MEU PAI, JESUS VICENTE, E MINHA MÃE, HERMINIA, EM VIGO, ESPANHA, 1953.

Aos sábados, minha mãe dedicava-se a arear o chão de tábuas, deixando-o impecável. A água para a limpeza da casa vinha do poço, e o banheiro ficava do lado de fora, como tantas outras casas da época.

Minha mãe, uma mulher guerreira e lutadora, tinha mais de 50 colmeias, de onde tirava o mel para vender e para doar. Muitas vezes, ela levava o mel para as freiras. Tínhamos todo tipo de frutas, era uma vida arraigada na terra.

À medida que eu crescia, meus pais perceberam a necessidade de deixarmos o sítio e nos mudarmos para a cidade, a fim de que eu pudesse estudar. Até então, frequentava a escola rural próxima ao sítio, caminhando pelo pasto, muitas vezes descalça, para me adequar às outras crianças que iam descalças. Nossa condição de vida era superior à de muitos na região, e eu me via rodeada por pessoas mais necessitadas. Em algumas ocasiões, trocava meu próprio lanche, pão e queijo, por uma lata de margarina com farofa e ovo.

Após alguns anos, mudamo-nos para Londrina. A vida na cidade era bem diferente do que eu estava acostumada no sítio, e a adaptação não foi fácil. Inicialmente, moramos em um apartamento, mas eu não me adaptei, então nos mudamos para uma casa perto do cemitério central de Londrina. Era uma casa de madeira, ao lado de pés de chorão que faziam um som peculiar quando o vento soprava durante a noite.

Próximo à casa, havia um córrego onde eu passava grande parte do tempo dentro da água. Havia também uma mina d'água transparente, repleta de lambaris. Diziam que se comêssemos lambari vivo, nos casaríamos em breve. A criançada costumava passar pelo meio do cemitério, roubando frutas e doces que os japoneses deixavam para seus entes queridos falecidos.

Meu pai veio para a cidade com o dinheiro do sítio, que ele colocou a juros. No entanto a pessoa que recebeu o dinheiro desapareceu, e ficamos sem nada. Minha mãe, sempre guerreira, começou a costurar para fora para nos sustentar. Enquanto isso, meu pai comprou outro sítio em Quinta do Sol, onde plantaram café, mas uma geada pouco antes da colheita destruiu a plantação. Minha mãe retornou ao trabalho na costura para sustentar a família.

Nesse período, meu pai passou a administrar uma boate, mas, para evitar que eu tivesse contato com esse ambiente, meus pais decidiram me enviar para morar com minha tia. Depois de ele trabalhar na boate por nove meses, meus pais conseguiram arrecadar dinheiro suficiente para arrendar um hotel, o Grande Hotel, localizado no centro de Londrina, a 500 metros da prefeitura. Aos 11 anos, comecei a ajudar meus pais no hotel, indo ao banco depositar cheques, atendendo os clientes, servindo café, sobremesa e registrando os gastos dos clientes para a conferência do meu pai.

Meus pais administraram esse hotel por muitos anos. No entanto, quando o proprietário faleceu, seu sobrinho solicitou o hotel, que estava sob arrendamento de meu pai. Nesse meio-tempo, meu pai procurou outro hotel para trabalhar, e compramos um hotel em Guaíra. Meu pai foi para lá, enquanto eu e minha mãe permanecemos no Grande Hotel até entregá-lo ao novo proprietário.

Quanto à minha adolescência, fui uma adolescente tranquila, apaixonada por música, especialmente o movimento Jovem Guarda com Roberto Carlos, Erasmo, Martinha, e também pelo rock internacional, com Rolling Stones e Beatles. Foi uma época incrível para viver e apreciar tantos músicos talentosos.

Iniciei meus estudos na escola pública em Londrina, no Grupo Escolar Hugo Simas. Mais tarde, fui para o Colégio de Aplicação, onde éramos alunos de estagiários que cursavam Letras e História. Inclusive, o ex-governador Álvaro Dias foi nosso professor estagiário de História. Após concluir meus estudos, ingressei na faculdade. Aos 17 anos, iniciei a faculdade de Educação Física na Universidade Estadual de Londrina (UEL).

Na época, a UEL estava no início de sua história, sem asfalto, e meu campus era distante, coberto de barro e terra vermelha. Contudo, foi uma fase sensacional em que fiz muitos amigos. Os professores eram excelentes, inteligentes e prestativos. Aproveitei ao máximo os anos de faculdade, celebrando, namorando e curtindo essa fase especial da vida.

EU E MEU MARIDO, LUIZ CARLOS, 2001.

Conheci meu marido no dia da minha formatura, com 20 anos. Namoramos por seis meses e nos casamos em 15 de maio de 1976. Que loucura, né? Meu marido era contador do nosso hotel. Ele fazia permuta de comida pelo seu trabalho, em troca do almoço no hotel para ele e seu cunhado. Já nos paquerávamos sempre que nos víamos, até que um dia ele teve coragem de me pedir em namoro. Queríamos nos casar o mais rápido possível.

Eu não queria festa, o que eu queria era viajar. Fizemos somente uma comemoração com bolo e champanhe junto aos familiares e amigos mais próximos. Viajamos para a Pousada do Rio Quente, em Goiás. Fomos com um Fusca, demoramos três dias para chegar. Curtimos nossa lua de mel e depois voltamos para Londrina. Estávamos apaixonados, vivendo nosso amor, uma nova vida que se abria, nossa jornada como marido e mulher. Era professora de natação nessa época, no Clube Canadá Country Club, em Londrina. Dava aulas em meio período e, no outro, usava meu tempo para desenvolver camisetas para todo tipo de campeonato de natação, que eram usadas pelos profissionais da área. Eu criava coisas modernas, coloridas e diferentes.

Meu marido continuava a trabalhar como contador num escritório na cidade. E, juntos, vivemos o dia a dia, a rotina normal de um casal. Vivemos na cidade, até meus 34 anos. Moramos em um apartamento e, posteriormente, fomos para uma casa. Foi então que, aos 22 anos, eu engravidei do meu primeiro filho.

Tivemos dois filhos; primeiro o Ramiro, em 1977, que hoje está com 46 anos. Eu era jovem, mas foi uma gravidez planejada e muito desejada. Logo em seguida, pouco mais de um ano depois do nascimento do Ramiro, nasceu minha filha Gabrielle, uma gravidez que não foi planejada, mas muito amada.

Éramos uma família feliz, trabalhando e cuidando dos filhos. Parei de trabalhar fora de casa, para me dedicar exclusivamente à maternidade. Praticamente, eram dois bebês. Fiquei três anos cuidando deles, até que decidi voltar a ter algum rendimento. Optei por montar uma boutique de roupas de moda, dentro de casa.

EU E MEU FILHO, RAMIRO, 1980.

Fizemos um espaço na casa para que eu pudesse organizar a minha loja. Esse foi meu primeiro empreendimento, assim me tornei empresária. Foram anos difíceis de muito trabalho, com dois filhos pequenos, mas, com garra e coragem, segui em frente, criei minha clientela e fui bem-sucedida nesse negócio.

Depois de seis anos de casamento, comecei a me sentir incomodada com algumas situações, que, com o passar do tempo, levaram-me a tomar a decisão de me separar. Nunca é fácil se separar, mas naquela época achei que seria o melhor para nós dois. Com esse processo de separação, acabei tendo que me mudar de casa e fui para um apartamento. Perdi muita clientela com essa mudança. As entradas diminuíram, e acabei decidindo procurar um emprego.

Foi então que comecei a trabalhar como gerente de uma loja de roupas finas, roupas para madames, da *high society*. Como sou uma pessoa falante, ativa e boa vendedora, logo consegui me dar bem nesse emprego. Fiquei mais de dois anos na gerência, até que resolvi sair. Minha mãe, na época, fazia blusas de tricô, que eram muito bem-feitas. Um trabalho impecável! Ela tinha muitas encomendas e não estava dando conta de suprir a demanda. Foi assim que vi uma oportunidade de ajudar minha mãe e ter uma profissão lucrativa. Eu já sabia fazer tricô. Minha mãe me ensinou, desde pequena, a fazer minhas próprias blusas, e assim fiquei por bastante tempo, criando e tricotando. Foram muitas e muitas blusas enviadas para todo lugar.

Fiquei quatro anos separada e, certo dia, fui para São Paulo, onde meu ex-marido morava. Fui levar meus filhos para visitá-lo e fazer compras de roupas para vender para uma clientela que eu já possuía. Meu ex-marido estava quase se casando com uma prima, e eu, quase me casando com um novo namorado, de Curitiba. Mas como a vida sempre nos surpreende, essa visita foi outro ponto de virada, pois tivemos um *revival*. Desistimos dos outros e resolvemos voltar a ficar juntos. Ainda éramos muito apaixonados um pelo outro, tínhamos uma grande conexão química e amorosa.

Com essa volta, acabei tendo que me mudar de cidade. Assim, fui com as crianças para São Paulo e, por lá, ficamos por um período de um ano, mas não me adaptei e decidi voltar para o Paraná. A princípio, iríamos voltar para Londrina, porém ele achou melhor mudarmos para Maringá. Ele e minha mãe queriam ir morar em Guaíra, porém eu não queria.

Fiquei em Maringá e resolvi montar a minha confecção, enquanto eles foram para Guaíra, reformar o hotel do meu pai. Eles vinham a cada quinze dias para me ver. Mas de um dia para o outro, meu pai resolveu ficar com o hotel somente para ele, já que nessa época meus pais eram separados. Ele não queria dividir o lucro do negócio. Sendo assim, meu marido e minha mãe voltaram para Maringá sem nada. Felizmente, eu já estava com a minha confecção de "vento em popa" e consegui montar uma loja no shopping Avenida Center. Foi o que nos deu o sustento naquele momento.

A loja se chamava Fruta Madura. Foi uma época de grande sucesso profissional, e o empreendimento me rendeu bons frutos. Esse foi meu segundo empreendimento, novamente eu voltava a ser empresária e dona do meu próprio negócio. A loja era extremamente lucrativa e, em pouco tempo, a clientela estava formada. O Avenida Center era novo, recém-construído, e a cidade toda estava animada por ter, enfim, um shopping center. O movimento era grande e as vendas, ótimas.

Consegui ter uma renda própria e ser bem-sucedida financeiramente. Assim, mantive uma boa vida para nossa família. Minha mãe veio morar comigo e me ajudar na fábrica, onde fazia a modelagem das criações. Meu marido também se engajou em me ajudar na fábrica; ele cortava os tecidos e deixava tudo pronto para o restante do processo.

Os anos foram se passando, e meu trabalho continuava indo muito bem, eu já estava com a loja e com a fábrica havia doze anos. Nossa vida seguia muito bem, nossos filhos tinham saúde, a vida financeira ia bem, porém nunca sabemos o que o destino nos aguarda, e, de um dia para o outro, minha vida se transformou radicalmente. Nunca esperamos passar por situações tão dolorosas e tristes, mas, muitas vezes, elas nos surpreendem e nos tiram o ar. Foi assim que aconteceu comigo.

Marco que mudou minha vida

Um dia, minha filha Gabrielle, já uma jovem de quase 15 anos, impressionante com seus 1,80 metro, decidiu emagrecer a qualquer custo após ganhar alguns quilos. Sentia-se desconfortável com seu corpo, contrastando com suas amigas, todas pequenas e magras. Eu a coloquei no programa Vigilantes do Peso, mas sem resultados.

Quis ir ao médico, eu a levei a um que, a meu ver, era muito do salafrário. Ele atendia em Maringá (já morreu, deve estar pagando seus pecados). Devido

MOMENTOS COM MINHA FILHA, GABRIELLA, 1992 E 1993.

às medicações que ela tomou, receitadas por esse médico, sua imunidade baixou demais, a ponto de ela adoecer. Ela precisou permanecer internada por doze dias na UTI em Maringá. Posteriormente, sem melhora no seu estado, foi encaminhada a São Paulo, na Beneficência Portuguesa. Nesse hospital nós ficamos três meses, longos e intermináveis. Foi um calvário... Dias e dias de sofrimento e agonia. Certo dia, ela teve uma parada cardíaca, que simplesmente acabou com seu coração, e ela não estava nada bem, com isso foi parar na lista de transplante cardíaco. O medo assumiu meu corpo, o desespero à espera de um coração para salvar a vida de nossa filha... Eu e meu marido estávamos em pânico. Foi então que apareceu um coração compatível com o dela, mas os familiares da pessoa, por serem testemunhas de Jeová, não aceitaram doar. Assim que nossa filha faleceu, em 7 de dezembro de 1994, aos 15 anos de idade, com toda uma vida pela frente, essa tragédia alterou profundamente nossa estrutura familiar, e com ela parte de mim também se foi.

Isso foi um divisor de águas em nossa vida, transformando-a da noite para o dia. A perda de uma filha redefine toda uma história. Eu me sentia destruída e dilacerada por dentro. Não enxergava mais propósito para continuar vivendo, não tinha mais ânimo para me levantar da cama e prosseguir. Foram segundos, minutos, horas, dias, anos nebulosos. Era dia e noite de choro. Com essa tragédia e tanta dor, não consegui retornar ao trabalho. Assim, fechei minha loja e me tranquei dentro de mim mesma.

Eram tempos sombrios. Meu filho enfrenta depressão até hoje. Aos 46 anos, nunca se recuperou da desestruturação familiar causada pela morte de minha filha. Meu marido também nunca se recuperou, e eu passei seis longos anos com ódio do mundo, virando-me contra Deus. Nossa vida se divide entre antes e depois da morte de minha filha. Logo após, minha mãe desenvolveu um câncer, testemunhando minha situação de quase morta e a dor de perder a neta. Dez meses depois, ela veio a falecer de câncer na medula. Perdemos a vontade de viver. Meu marido ficava em um canto da casa, meu filho em outro, e eu, em mais um. Levávamos a vida, tentando sobreviver. Tudo isso desencadeou uma imensa tristeza que levei anos para superar.

Meu maior apoio para superar tanta dor veio quando descobri a ioga por meio de uma amiga de Guaíra, professora da prática. Iniciei as aulas e foi lá que encontrei paz e equilíbrio no coração. Com o tempo, isso me proporcionou uma nova perspectiva de vida, ajudando-me, de certa forma, a superar essa perda. A ioga transformou minha vida e, por 25 anos, continuei praticando, apenas interrompendo devido à pandemia, quando as aulas passaram a ser on-line, algo que eu não desejava. Fiquei fora nesse período.

Foi então que gradualmente retomei minha vida. Ainda estávamos bem financeiramente devido às rendas que tínhamos. Meu pai faleceu seis anos após minha mãe. Surgiu a necessidade de assumir os negócios da família, então abracei a causa e continuei com eles. Como não era uma profissão na qual me sentia realizada, decidimos arrendar o hotel. Meu filho e sua esposa queriam estudar, então optamos por voltar para Maringá.

Ao retornar, passamos a viver com base nas rendas, mas minha veia empreendedora nunca morreu; sempre esteve em mim. Com isso, renasceu minha vontade de abrir um novo negócio. Inaugurei uma loja de conserto e fabricação de roupas na Av. Herval, esquina com a Rua Arthur Thomas, chamada Empório da Costura. Assim, prossegui com minhas atividades profissionais. Mantive a loja aberta por cerca de quatro anos, sempre com um grande número de clientes.

Nesse período, meu marido começou a adoecer. Três anos antes, ele havia sido diagnosticado com hepatite C. Embora tenha se tratado e se curado, o fígado dele ficou comprometido em 80%. A doença antiga levou ao desenvolvimento de um câncer de fígado. Durante sua enfermidade, tive que fechar a loja e me dedicar exclusivamente a ele. Seguimos com o tratamento, mas, seis meses depois, ele veio a falecer.

Encontrei-me sozinha, sem trabalho, sem saber que caminho seguir. Por sorte, ainda contava com a renda do hotel. Após a morte de meu marido, meu filho e sua esposa vieram morar comigo. Nesse período, aproveitei para sair e viajar pelo mundo. Minha primeira parada foi na Argentina, acompanhada por outras mulheres com as quais estudava espanhol. Essa foi a primeira de muitas viagens maravilhosas. Comecei a viver novamente para mim.

Passei por Inglaterra, Austrália, Chile, Colômbia, México, Espanha e França. Foi um período de renascimento para a mulher que sou, não mais apenas a mãe, a mulher, a empresária, mas somente eu mesma. Meu filho acabou se separando, e ficamos somente os dois em casa. Situação que continua até hoje.

Nesse período, aos 60 anos, estava envolvida em aulas de espanhol, ioga e participação em ONGs. Decidi retomar os estudos, considerando inicialmente a moda. No entanto surgiu a oportunidade de ingressar na Universidade da Terceira Idade da UEM (Unati). Lá, pude explorar diversos temas, como relacionamentos humanos, funcionamento interno do SUS, mitos gregos, italiano, entre outros. Foi uma chance de percorrer diferentes caminhos, que me proporcionaram muito aprendizado e a construção de relacionamentos valiosos.

Então, veio a pandemia, obrigando-nos a permanecer reclusos. Um amigo de Curitiba sugeriu: "Trabalhe como corretora, você conhece muitas pessoas, pertence a vários clubes de leitura... É uma boa oportunidade, procure a empresa RE/MAX". Isso foi em 2020, quando realizei o curso técnico em transações imobiliárias. Enfrentei o desafio do curso e da prova on-line, superando minhas dificuldades com a tecnologia digital.

Concluí o curso e, desde então, trabalho na área. Estou feliz com esse novo estilo de trabalho, uma transição de carreira em um momento em que ainda não sabia o que fazer. Encontrei disposição para aprender essa nova profissão e superei obstáculos, tanto que em 2021 fui reconhecida como "top captação" ao longo do ano. Em 2022, recebi o título de "top faturamento" também por todo o ano. E assim foi em 2023. Acredito que, aqui em Maringá, sou uma das pessoas mais velhas no ramo. Sigo feliz, me reinventando. No ano passado vendi dez imóveis, pretendendo seguir batendo essa meta.

Acredito que precisamos, sempre, nos reinventar. E com meu foco e minha determinação, consegui vencer dificuldades, adversidades e, agora, estou aqui empreendendo, como autônoma, mas aliada a uma franquia mundial que é a empresa RE/MAX, no mercado há cinquenta anos, que me dá suporte no ramo. No Brasil há treze anos e em Maringá há dois anos, a RE/MAX é comandada pelo Milton Dena. Somos nove corretores e trabalhamos somente com venda de imóveis. Hoje posso dizer que já me adaptei a esse estilo de metodologia, totalmente revolucionária em matéria de negócios imobiliários.

Dentro dessa metodologia, os corretores têm os imóveis que angariam, bem precificados, e estes são divulgados em todos os portais, nacionais, regionais e locais, o que facilita o alcance da clientela. A franquia nos fornece tutoriais, cursos, a todo momento, o que nos ensina as técnicas de abordagem, de trâmite, documentação, finalização, análise de mercado, enfim, comprovadamente essa metodologia tem sido um diferencial no ramo.

Sou uma pisciana raiz, cheia de prós e contras na vida.

Prós
1. A pisciana é sempre apaixonada por aquilo em que tem interesse.
2. A pisciana entende as coisas e as pessoas muito profundamente.
3. A pisciana é, ao mesmo tempo, inocente e madura.

Contras
1. Muitas pessoas tendem a ter dificuldade em entender o seu jeito de ser.
2. Sempre absorvemos os problemas dos outros.
3. Vivemos no nosso próprio mundinho por muito tempo.

Ser do signo de peixes é viver com a mente fritando 24 horas por dia, pensando em 1 milhão de coisas ao mesmo tempo. Hoje sou uma mulher fortalecida, renovada e pronta para essa etapa.

Sou extremamente proativa, viajo bastante, participo de clube de leitura, já participei de três clubes diferentes ao mesmo tempo: o Bons Casmurros, o Clube da Biblioteca e o Leia Mulheres. Sou uma leitora voraz, meu gênero literário favorito é distopia, ficção utópica. São livros que me tiram deste mundo e me fazem viajar. Devido à grande demanda do meu trabalho, sigo agora somente com o clube Bons Casmurros, do grande amigo Victor Simião, atual secretário da Cultura de Maringá.

Além do clube, participo de atividade de voluntariado, no Roupeiro Santa Rita de Cássia, onde trabalho com a costura, criando roupinhas para crianças de até 4 anos. Também auxílio no projeto Bem dita Vestido, onde fazemos vestidos para crianças que nunca tiveram oportunidade de comprar um vestido novo.

Essas peças que produzimos viajam o mundo. Já foram feitas para África, Xingu, Nordeste, Haiti, escolas carentes locais, regionais, ou seja, em cinco anos já entregamos 5 mil vestidos. Acredito que viemos nesta vida com a missão de ajudar, por meio de nossas habilidades, o maior número de pessoas possível, transformando a vida da pessoa ajudada e, consequentemente, a nossa.

Outro projeto que amo fazer é a reutilização de tecido, de calças jeans, sobras de fábrica, bijuterias descartadas. Com esse material, crio bolsas diversas. Esse é um dos meios que eu vejo para ajudar o nosso planeta, visto que existe um descarte imenso de roupas e demais acessórios, que não encontram destino e poluem cada dia mais nosso planeta. Com pequenos gestos, podemos ajudar a diminuir o excesso de produtos descartados, transformando-os em produtos novos.

Esse trabalho me proporciona satisfação, e me sinto recompensada ao ver pessoas usando minhas bolsas. Atualmente, eu as vendo em vários lugares, atingindo um grande público, o que me proporciona uma renda adicional. Um *hobby* que se transformou em profissão, além de incorporar todo o conceito de contribuir para um mundo menos poluído.

Como mulher independente que sou, hoje vivo a vida, no auge dos meus 69 anos, desfrutando ao máximo as coisas que me trazem prazer. Sinto que tenho que aproveitar a vida da melhor maneira possível. A pandemia nos mostrou o quanto somos efêmeros e como tudo pode mudar a qualquer momento.

Sou uma mulher extremamente ativa, e não me vejo parando de trabalhar nunca. Quero continuar costurando, ajudando nos projetos até o fim da minha vida. Vejo o trabalho como algo que nos motiva a levantar e sair da cama todos os dias, apresentando novas oportunidades para conhecer pessoas, experiências e comportamentos. Somos seres forjados para o trabalho, para uma missão, e para ajudar o próximo.

Além de todo o trabalho e voluntariado, encontrei o grupo de mulheres empreendedoras **AuroraS**, do qual participo há aproximadamente oito meses. Juntamente com essas mulheres, temos nos dado as mãos para aprender, trocar conhecimento e fortalecer os vínculos entre mulheres empreendedoras.

Este projeto do livro surgiu, e resolvi participar, visto que sempre tive vontade de escrever um livro, algo utópico, fantasioso e romântico. Na minha cabeça, sempre criei uma história de amor que mudaria minha trajetória. Segue aqui um pequeno trecho dessa história, que se formou em minha mente e em meu coração. Na minha história imaginária, conheci um homem num aplicativo de relacionamento. Ao ver minha foto, escreveu:

"SIMPLESMENTE MARAVILHOSA."

Imediatamente me senti ansiosa, por saber quem era essa pessoa. Quem não gosta de ser chamada de maravilhosa, não é mesmo? Entrei em seu perfil para desvendar o mistério dessa pessoa. Me deparei com uns olhinhos apertados.

Olhei bem e gostei do que vi, era uma pessoa familiar, pelas fotos, muito interessante, com um olhar verdadeiro. Nesse momento já estabeleci uma conexão com ele, senti que precisava conhecê-lo. Foi então que respondi àquela mensagem e disse: "Você TAMBÉM", e assim teve início uma bela história de amor. Começamos a trocar mensagens, telefonemas, e algo aconteceu dentro de nós, pois desde então nunca paramos de nos falar. Algo que não parecia provável tornou-se real.

Vencendo a barreira da distância, do medo do primeiro contato presencial e temendo não sentir algo pessoalmente, resolvi encarar o risco. Combinamos de nos encontrar. Minha imaginação correndo solta, já previa que algo lindo estava para acontecer. Me preparei para esse primeiro contato e me produzi como há tempos não fazia, buscando aquela Mina antiga dentro de mim. Fui ao salão, fiz as unhas. Perguntei de que cor ele gostaria que eu pintasse minhas unhas: "vermelho: fogo da paixão". Saí do salão me sentindo renovada, reluzente e preparada para o que viria a acontecer. O Universo estava no comando, e eu seguia os passos da minha intuição. Como num conto de fadas, eu estava indo em direção a uma nova aventura.

Nos encontramos em um bar antigo, misterioso, e ali começamos a nos conhecer verdadeiramente. Para mim, não havia nada naquele lugar além dele. Sua presença era imponente e preencheu todas as partículas do meu corpo. Quanto a ele, esperava compreender o que ele estava fazendo ali comigo, mas ele, todo galanteador, veio me dizer o quanto eu era mais bonita presencialmente do que na foto da internet. Meus olhos brilharam e nunca mais deixaram de brilhar por ele. Muitos anos se passaram, e sempre estivemos juntos, mesmo quando não estávamos no mesmo local; nossa conexão era de alma. Segui seus conselhos, suas dicas, durante a trajetória da minha vida. Sempre atenta a cada detalhe que ele me passava, pois sempre me senti protegida sob seus braços e coração. Alma e mente.

Nem nos meus mais belos sonhos, imaginei viver algo tão intenso e profundo. Assim sigo a história da minha vida, caminhando lado a lado. Apesar da minha idade, nunca parei de sonhar, porque é pelos meus sonhos que sigo vivendo, dia após dia e, assim, termina por aqui mais um capítulo da minha história de vida... É isso que uma mulher de 70 anos espera da vida: não o seu fim, mas o seu começo. Voltando à realidade dos dias atuais... A construção deste livro das **AuroraS** abriu o caminho para que muitos outros livros venham pela frente. Muitas novas histórias ainda tenho para contar dentro de mim.

Neste livro, contamos nossas histórias, com o intuito de inspirar e ajudar mulheres que estejam passando por processos semelhantes aos nossos. São tantas histórias distintas, mas que juntas nos mostram o quanto somos resilientes e o quanto a mulher está disposta a se reinventar. Todos os dias existem novas possibilidades, uma nova aurora, um novo dia, no qual você poderá mudar tudo que te deixa infeliz, ou que não acrescenta nada em sua vida. Hoje pode ser melhor que ontem, acredite, não desanime, siga sua intuição e viva intensamente.

Ser empreendedora é algo que sempre senti dentro de mim, não foi algo construído, mas era inato à minha personalidade. Quando eu estava parada, sempre surgia aquela sensação dentro de mim que dizia para que eu saísse da minha zona de conforto e fizesse algo para o mundo. Empreender é difícil, dá trabalho, é absurdamente complicado, mas se você tem certeza do que quer, estudar, planejar, se programar, você consegue ter sucesso. A principal coisa que acredito ser importante é fazer algo com que você tenha afinidade e, além de tudo, conhecimento. Caso você não o tenha, busque os meios necessários.

Muitas pessoas, ao produzirem algo, acreditam que isso é suficiente para abrir seu negócio. No entanto, ter seu próprio negócio envolve tantas outras áreas, como finanças, vendas, pós-vendas, lidar com fornecedores, clientes, estoque e burocracias em geral. Não basta saber fazer algo; é necessário estar à frente do mercado, compreender como ele funciona, conhecer o produto, saber vendê-lo e, sobretudo, conhecer o cliente. Todo esse conhecimento é o que pode levar alguém a vencer na vida por meio do seu negócio.

Não é fácil mudar de carreira, ainda mais na minha idade, sem estar totalmente atualizada com todo o conhecimento tecnológico que nos cerca. No entanto, tenho algo que muitos não têm: disposição. É com ela que consigo me destacar em meu meio, ganhando prêmios e sendo reconhecida na RE/MAX. Nada vem de mão beijada na vida, mas, quando nos propomos a correr atrás do que desejamos alcançar, nada pode nos deter, nem os fracassos, os medos, as perdas, nada além de nós mesmos. Por isso, a força tem que vir de dentro, juntamente com a busca por apoio externo. Hoje temos várias opções de ajuda, como cursos do Sebrae, entre tantos outros por aí. Muitos, inclusive, gratuitos, basta saber pesquisar.

Um dos motivos que me levaram a entrar em um grupo de mulheres empreendedoras é a crença de que mulheres precisam de mulheres, pois vemos as coisas com outro olhar, diferente dos homens. E se podemos nos dar as mãos e caminhar juntas, por que não o fazer?

Integrar um grupo assim me permite, além de divulgar meu trabalho, aumentar minha rede de *networking* e de amizade. Pois a indicação de um conhecido ou amigo vale ouro. Sabemos que o mercado imobiliário pode ser cruel. Por isso, temos que estar sempre atentos às pessoas que nos cercam.

Eu me identifiquei com a franquia e a metodologia da RE/MAX. Para mim, tem sido um espaço que me permite trabalhar sem a necessidade de ter o meu próprio local físico, já que sabemos como é difícil manter um local assim, devido aos altos preços de aluguel, funcionários, despesas mensais, ou seja, a RE/MAX me fornece, no momento, o que eu preciso: o espaço, a metodologia, a divulgação.

Pois também sabemos que trabalhar em casa não é fácil. O *home office* veio com tudo na pandemia, e veio para ficar, mas também entendo que na minha área preciso estar sempre em contato com outras pessoas, ver e ser vista. Assim, a chance de eu prospectar mais clientes aumenta. Somos fruto do meio em que vivemos e das pessoas que nos cercam.

Estejamos sempre ao lado de pessoas lutadoras, corajosas, que buscam constantemente melhorar. Estamos sempre evoluindo e, se permanecermos parados, estagnados ao lado de pessoas conformistas, seremos desanimados e afundaremos juntos. Isso não é o que desejo para mim, nem para os outros.

Superei os obstáculos que a vida me impôs, venci medos, fracassos, desespero e continuei sempre em frente. Porque nunca me permiti parar. Se eu não continuasse a ter objetivos e sonhos, já teria partido deste plano há muito tempo. O que nos resta da vida senão sonhar e buscar a realização desses sonhos? Estar no meio de tantas mulheres guerreiras só aumenta as chances de que eu seja mais bem-sucedida no meu trabalho.

O Tempo

(...) E tem mais: não deixe de fazer algo de que gosta devido à falta de tempo.
Não deixe de ter pessoas ao seu lado por puro medo de ser feliz.
A única falta que terá será a desse tempo que, infelizmente,
nunca mais voltará.

(Mario Quintana)

Ano de 2022.

Maria Eugênia Peres

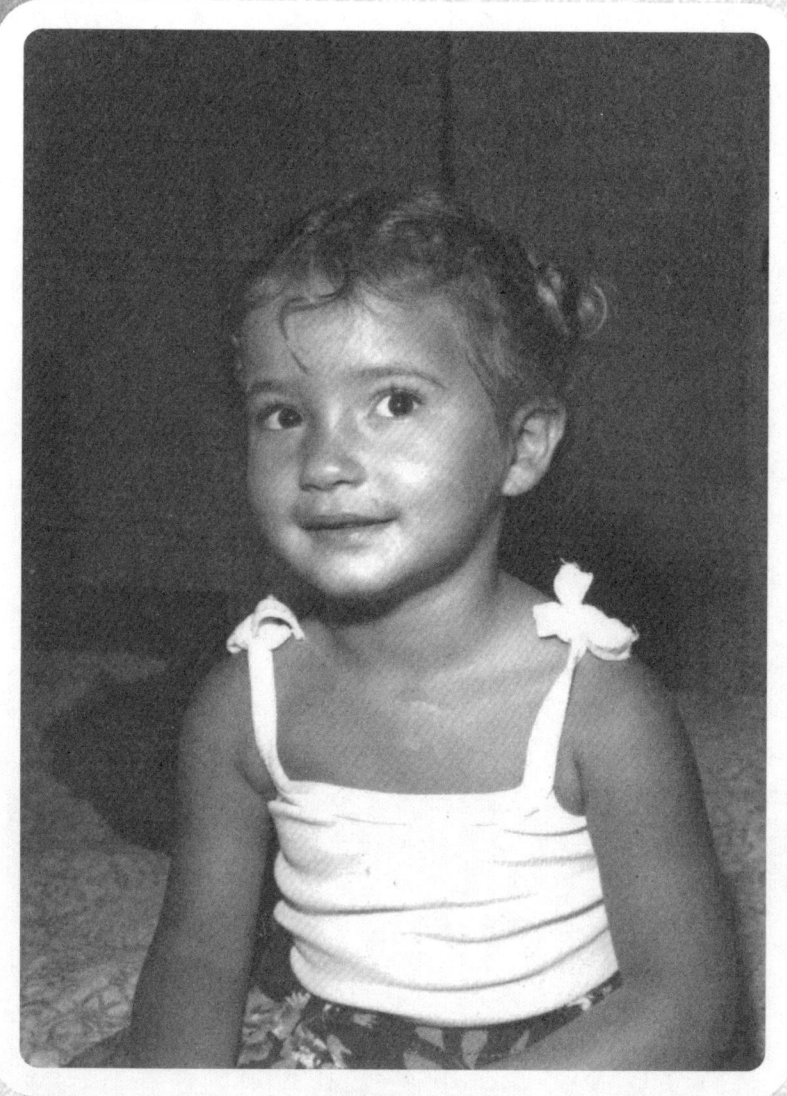

Eu com 3 anos.

CARTA PARA A CRIANÇA
Maria Eugênia

Hoje, o dia parece longo. Fecho os olhos e me vejo tão pequena, cheia de sonhos, lá na casinha verde e amarela de Castelo Branco, onde tantas histórias criei para mim. São tantas expectativas, tantos caminhos a seguir. Quem diria que o meu caminho seria assim, que a trajetória da minha vida seria essa.

Quero te dizer, querida Manezinha (apelido carinhoso que o pessoal de Castelo me deu – afinal, filha do Manoel, era Manezinha), que você se tornou uma mulher incrível, rodeada pela sua família. Você fez as vezes da Vó Mariquinha e tomou para si a missão de ser a cola da família, pois é por meio de você que todos se reúnem, e é em sua casa que acontecem todos os aniversários, festas, Natal, Ano-Novo e tantas outras datas comemorativas. É você quem se coloca à frente para todos os eventos terem a união familiar, exatamente como você viu sua avó fazer.

Você é o espelho de todo o aprendizado, e isso se reflete agora na sua casa, nas plantas que você semeou, nas histórias que você contou, na alegria que você transmite, nos animais que você tem ao seu redor.

Toda inspiração que você teve na infância se transformou em realidade. Você conseguiu ter o seu grande amor, conseguiu ser mãe, conseguiu plantar não só uma, mas várias árvores, escrever um livro, criar tantas coisas com suas próprias mãos... Você apostou alto e venceu!

Venceu todos os obstáculos que a vida lhe impôs e, com as dificuldades, você se tornou forte e resiliente, fez dos seus fracassos seu aprendizado.

Hoje consegue ajudar e guiar tantas outras mulheres. O mundo em que você imaginava viver se tornou o mundo que você criou para si e para todos à sua volta.

Tantas realizações, tanta superação. Que orgulho! Somos a junção de tudo que você viveu e eu vivi, somos as escolhas que fizemos, nos transformamos, nos perdemos, nos encontramos.

A vida é uma sucessão de erros e acertos. Mas quero te dizer, Manezinha, já acertamos muito. Obrigada por nunca desistir de nós. Por seguir em frente, passo a passo.

"Caminhante, não há caminho, o caminho faz-se caminhando." (Antonio Machado)

Fizemos nosso caminho e, daqui para a frente, seguiremos juntas. Passo a passo, minha criança interior e meu eu adulto, rumo ao nosso destino final...
Pois grandes coisas Deus têm guardadas para nós.

Eu creio.

Prazer, Maria Eugênia.

Minha história de vida começa em Maringá, Paraná. Nasci e ainda vivo na Cidade Canção. No entanto foi em Presidente Castelo Branco, uma pequena cidade do norte do Paraná, que vivi minha melhor história. Minha mãe, Cioni Maria Ribeiro Peres, veio de Jaguariaíva com seus pais, já que meu avô foi transferido para trabalhar em uma coletoria (local onde eram realizados pagamentos) da Receita estadual em Castelo Branco. Meu pai, Manoel Peres, nasceu em Castelo. Nessa pequena cidade, meus pais se conheceram e se apaixonaram. Minha mãe engravidou muito cedo de mim. Eles fugiram para Maringá para serem aceitos pelo meu avô e conseguirem se casar. Moraram por um tempo em Castelo, mas meu pai arrumou um emprego na prefeitura de Maringá, e eles se mudaram para cá, onde continuam até hoje.

Minha mãe trabalhou de telefonista em vários hotéis da cidade. Eu adorava, porque sempre achei os hotéis locais chiques e agradáveis. Sempre ia visitá-la e dar uma espiada, era o máximo. Nunca senti uma grande ligação com a cidade de Maringá. Gosto de morar aqui, mas sempre tive o anseio de mudar para outro lugar, de preferência para a praia, sonho ainda não realizado, mas que continua em minha mente. Quem sabe um dia.

EU E MINHA MÃE, CIONI MARIA RIBEIRO PERES, 1977.

Minha infância em Castelo foi tão maravilhosa, que tudo que eu queria era morar lá. Todo fim de semana eu ia para a casa dos meus avós, Dona Mariquinha e Vô Renor, e ali eu entendia como ser amada, me sentia feliz e segura. Cheia de amigos brincando na rua, sem horário para nada, sentindo afeto de todos.

A casa verde e amarela em que meus avós moravam era uma casa simples de madeira, mas repleta de alegria. Na frente ficava a coletoria, onde passei muitos dias brincando. A casa era cheia de bichos. Minha avó tinha gatos, cachorros, macaco, porco, galinhas, peru, era uma festa. Além, é claro, da infinidade de frutas. Minha preferida era o pé de amora, que minha avó plantou quando eu nasci; por isso, me sentia dona dele.

Comia manga no pé, jabuticaba, goiaba, pera, ameixa, carambola, laranja, poncã, entre tantas outras... No terreno ao lado da casa, havia uma plantação de café, pelo qual me apaixonei desde cedo. Minha avó me ensinava a colher, colocar para secar, torrar, moer e coar. Coisas do interior.

Muitos queriam fazer o caminho inverso e ir para a cidade "grande", mas eu não. Pelo contrário, sentia uma conexão com a vida tranquila, na casa verde e amarela, onde minha avó preparava o pão no forno a lenha, plantava e colhia o café que tomávamos, fazia massinha de pão frita para eu comer; esse era um dos meus momentos preferidos com a minha avó. Ela contava histórias e, enquanto sovava o pão, escutávamos música no radinho de pilha.

Claro que não posso reclamar da vida em Maringá. Meus pais trabalhavam muito, mas eu tive uma grande oportunidade de estudar na melhor escola da cidade, com bolsa integral. Isso tudo porque minha mãe foi conversar com as irmãs do colégio, e, graças à irmã Maria Eduarda (nome que posteriormente dei para minha irmã), ela simpatizou com minha história. Na época, eu havia desenvolvido uma doença de pele ainda pouco conhecida, a psoríase, que me acompanha até hoje.

Mas foi graças a essa escola que tive o melhor aprendizado que poderia ter e fiz jus à minha bolsa. Era uma menina estudiosa, nunca reprovei, meus pais nunca foram chamados na escola. Tive grandes amigas, que mantenho até os dias de hoje. No entanto, essa mesma escola também me mostrou o lado maléfico da vida. Como a escola era de alto padrão, os alunos vinham de famílias ricas, como fazendeiros e médicos. Minhas amigas iam para a escola de motorista ou com seus pais, enquanto, nessa época, não tínhamos carro, e eu ia de ônibus. Isso gerava piadinhas duras, mas que me ensinaram muito sobre a vida fora da bolha da pacata Castelo Branco. Mantive-me forte frente às ameaças de alunos maldosos. Nunca me inferiorizei nem sucumbi. Mas corria para a casa da minha avó sempre que me sentia indesejada.

Ali, naquela casa verde e amarela, o amor reinava. A vida era de alegria e diversão, num mundo sem tecnologias em que a conversa entre os vizinhos rolava solta. Os amigos nos recebiam em suas casas de braços abertos, ficávamos na rua até tarde da noite, brincando, sem medo, apenas vivendo o momento. Eu me sentia amada e querida por todos ao meu redor. Por isso, minhas lembranças de Presidente Castelo Branco são as melhores da minha vida.

Mas claro que nem tudo foram flores. Com 7 anos, começaram a surgir manchas escamosas em minha pele. Após muitos médicos, descobrimos que o que eu tinha se chama psoríase, uma doença pouco conhecida na época. Ela me atingiu brutalmente, trazendo insegurança, medo e vergonha. Quando você é acometido por uma doença de pele, é difícil explicar a sensação, mas é como se ninguém quisesse estar perto de você. Primeiro, porque todos pensam que

EU, AOS 6 ANOS DE IDADE, NA NOSSA CASA EM MARINGÁ.

pode ser uma doença contagiosa, e ninguém quer pegar. Existe sempre a associação da doença de pele com a lepra, o que assusta as pessoas ao seu redor. No entanto, a psoríase não é contagiosa. Hoje, muitos anos depois, descobriram-se algumas possíveis causas para a doença, mas sua cura ainda está longe de ser encontrada.

Os medicamentos paliativos ajudam a amenizar os sintomas, mas a cura não existe. Aprendi a conviver com essa doença, que já me acompanha há mais de 40 anos. Não a deixei me definir, mas ela abalou minha vida e meu emocional por muito tempo. Graças a Deus, ela sempre me deu uns respiros; às vezes eu ficava mais atacada, às vezes menos, e assim eu ia conseguindo viver uma vida normal.

Ter algo em seu corpo que não te pertence é horrível; você quer arrancar sua própria pele. Sempre fui ansiosa e emotiva, então foi uma batalha EU *versus* PSORÍASE. Viver com algo no seu corpo é quase insuportável. Mas eu venci, e hoje nem lembro que tenho a doença, apesar de sempre ter momentos de severos ataques. Às vezes, de um dia para o outro, ela some, e nem lembro que tive algo em meu corpo. É muito louco isso. Mas o importante é conhecer seu inimigo, por isso sempre estudei, fui a vários médicos e continuo indo anualmente para ficar a par das novidades e ler muito sobre o assunto.

Hoje, em Maringá, temos uma médica especialista nessa doença, Dra. Sineida Berbert. Ela conseguiu desvendar muitos mistérios da psoríase e tem lutado intensamente para melhorar a vida das pessoas acometidas por esse problema. Existem vários tipos de psoríase, e alguns realmente acabam com a vida de qualquer ser humano. É engraçado ver como hoje a informação chega muito mais rápido; com a internet, você consegue saber de estudos em vários lugares e saber como andam as coisas. Ainda não tive a oportunidade de me consultar com a Dra. Sineida, mas acompanho sua trajetória e vejo todo seu engajamento para buscar uma vida melhor aos acometidos pela doença.

O que é a psoríase?

A psoríase é uma doença inflamatória, sistêmica, crônica e autoimune que causa placas avermelhadas espessas na pele, cobertas por escamas esbranquiçadas ou prateadas. Essas lesões podem apresentar coceira, dor, queimação e descamação. Inchaços e rigidez nas articulações podem ocorrer. A doença afeta profundamente a qualidade de vida dos pacientes, indo muito além da questão estética da pele. Apesar de não ser contagiosa, a psoríase impacta a autoestima e a qualidade de vida do paciente em suas atividades diárias. A causa da doença é genética, ocorrendo um desequilíbrio imunobiológico, mas fatores ambientais e o estresse podem ser importantes agravadores.

A doença se manifesta na maior parte dos indivíduos na faixa entre 20 e 40 anos de idade. Porém, em 15% dos casos, aparece durante a infância. Ela tem gravidade variável, podendo apresentar desde formas leves e facilmente tratáveis até casos muito extensos, que levam à incapacidade física, acometendo também as articulações.[2]

A Sociedade Brasileira de Dermatologia (SBD) alerta a população sobre a doença que afeta cerca de 5 milhões de pessoas no Brasil, em especial os grupos dos 30 a 40 anos e dos 50 a 70 anos, sem distinção quanto ao gênero.

Não é meu exterior que me define

Em Maringá, eu tinha o afeto tanto dos meus avós paternos e tios quanto das minhas primas-irmãs, pois crescemos juntas. Eu, a Simone, a Andreia e a Raquel vivíamos brincando e curtindo nossa infância e adolescência juntas. Era maravilhoso, com muitas festas e amizades; éramos grudadas. Sempre que podia, ia para Castelo Branco. Eu e minhas primas rodávamos pela cidade, naquela época, no auge da boate Kalahari, aonde eu e a Simone íamos sempre. Era demais, o ápice da nossa juventude, dançando ao som das músicas dos anos 1980. Eu adorava dançar. Nos

---

2 Fonte: https://psoriasebrasil.org.br/

divertíamos demais, eram tempos antigos, bons tempos. Havia também as festas nas chácaras, que aconteciam quase todo fim de semana, como as da loja Why Be, sempre com bandas e muita diversão; não perdíamos uma festa. Eu e a Si éramos muito unidas e sempre estávamos nas baladas. Participávamos de festas no clube Olímpico, Country, enfim, éramos parceiras para toda hora. Hoje, sempre que posso, estou com minhas primas, mas o dia a dia e a correria do trabalho acabam nos afastando.

Com a morte da minha avó, a vida ficou mais triste. Eu tinha 15 anos quando ela se foi, mas todo o aprendizado ficou guardado a sete chaves em minha alma. Meu avô continuou morando um tempo em Maringá, e eu acabei perdendo os vínculos com meus amigos de Castelo, mas sempre os levei em meu coração. Em particular, meus primos e minha amiga de infância, Elaine, que muito me ensinou e me ajudou nos tempos vividos lá. No entanto, sem a minha avó ao seu lado, meu avô preferiu voltar a morar em Presidente Castelo Branco e ficou lá até seus últimos dias.

Durante toda minha infância, estudei no Colégio Regina Mundi, onde fiz grandes amizades, algumas até hoje. Aprendi muito e vi várias coisas diferentes da minha classe social. O colégio era elitizado, particular. Mas, apesar de todas as ressalvas, fui muito feliz e só tenho gratidão pelo colégio e pelas irmãs. Lembro-me com muito amor dos meus tempos de Regina, sinto o cheiro do enroladinho de queijo, o meu preferido. Todo dia eu comia um, sentada com a minha amiga Daniela Miyata, a Raquel Bastiani, entre outras. A Dani e a Raquel moravam pertinho da minha casa, vivíamos grudadas. Adorava ir à casa delas no período da tarde, já que eu sempre estava sozinha em casa, pois meus pais trabalhavam o dia todo. Eu ficava muito sozinha e, como sou bem comunicativa, detestava não ter com quem falar e vivia na casa delas.

Participei de um grupo de jovens, o JUCA (Jovens Unidos Conquistam Amigos), da igreja Santa Maria Goretti, que frequentávamos na época do saudoso Padre Orivaldo. Todos do grupo moravam ali pertinho da Universidade Estadual de Maringá (UEM), na zona 7. Eu morava na Rua

Mario Urbinati, a duas quadras da UEM, e a maioria dos pais dos meus amigos era professor universitário.

A zona 7 me traz grandes e boas lembranças. Fazíamos festa junina na rua paralela à minha casa, brincávamos na rua, sentávamo-nos para bater papo, vivíamos nas casas umas das outras. Tempos dos quais me lembro com saudade. Eu amava morar ali, além de ser a primeira casa que meus pais conseguiram comprar. Eu adorava porque tinha um quarto só para mim e uma porta que abria para uma sacada. Lembro-me sempre de me sentar ali com alguma amiga e ficar até tarde jogando conversa fora. Tempos em que eu vivia no sobradinho azul.

No segundo colegial, resolvi mudar de escola e pedi para minha mãe me colocar num colégio estadual. Ali fiz novas amizades e comecei a sentir os primeiros momentos de paixonites. Entendi a diferença de aprendizado, já que o colégio anterior era coordenado por freiras, mais rígido e disciplinado. No colégio estadual, pela primeira vez, me senti livre. Foi ali que houve grandes mudanças no meu estilo de vida. Antes, eu saía pouco, ia apenas na casa das amigas do colégio. No colégio estadual, as coisas eram mais liberais. Nunca tinha matado uma aula e me vi menos preocupada com notas, rigidez; enfim, foi um ano de novas experiências.

Nessa época, conheci na sala de aula a Tatiana, que tinha vindo de São Paulo, cidade que amo tanto. Ela havia acabado de mudar para Maringá. Tatiana me ensinou tanto que não tenho palavras para dizer, e foi com ela que minha mente passou por uma mudança drástica. Comecei a enxergar o mundo fora de Maringá, e Tatiana continua sendo uma grande amiga, daquelas que a gente leva para sempre no peito. Durante anos, trocamos cartas, até que perdemos contato. Quando começaram as redes sociais, procurei-a, mas foi em vão.

Depois de quase 15 anos sem contato, consegui reencontrá-la. Foi um momento muito especial. Ela veio me visitar, e foi como se nunca tivéssemos ficado um dia longe uma da outra. Coisas que ninguém explica, mas era para ser. Hoje, nos falamos toda semana e nos visitamos sempre. Inclusive, nossos maridos se tornaram grandes amigos. Sempre que possível, vou a São Paulo visitá-la, ou ela vem a Maringá me ver. Somos confidentes e nos identificamos como mulheres de espírito livre e inquietas, numa constante busca pelo novo.

Voltando aos meus estudos, quando estava prestes a entrar para o terceiro colegial, novamente senti vontade de mudar para uma nova escola. Optei pelo Colégio Nobel, que era pertinho da minha casa e famoso por seus cursinhos pré-vestibulares. Estudei na mesma sala que os alunos do cursinho extensivo; foi a primeira vez que estudei à noite. O pessoal era mais velho e estava em busca de passar no vestibular. Naquela época, eu ainda não tinha preocupação com isso; só queria passar de ano. Ah, como o mundo dá voltas! Meus filhos estudam hoje no mesmo local, agora chamado Colégio Pró. Por incrível que pareça, estão na mesma sala em que eu estudei quando tinha a idade deles. Mundo insano.

DA ESQUERDA PARA A DIREITA, EU E MINHA AMIGA TATIANA PRADO PINHEIRO MARTINS, NO COLÉGIO, AOS 14 ANOS DE IDADE, E JÁ ADULTAS EM MINHA CASA, EM 2019.

Ainda estava indecisa sobre qual curso fazer na graduação, mas nunca esqueci dos momentos em que brincava na coletoria do meu avô, com muitos papéis, carimbos, notas. Enfim, eu me sentia atraída por escritórios. Fiquei muito inclinada a cursar Administração ou Psicologia, mas Psicologia era um curso de período integral, e eu queria começar a trabalhar, ter meu próprio dinheiro, ser independente. Foi aí que resolvi prestar vestibular para Administração de Empresas, período noturno.

No fim do ano, ainda com 17 anos e terminando o terceiro colegial, fiz meu primeiro vestibular e passei na Universidade Estadual de Maringá, que por acaso ficava a duas quadras da minha casa. Assim, comecei minha vida acadêmica, cursando Administração de Empresas. Logo no primeiro ano, procurei um estágio para fazer. Consegui um na própria UEM, na Pró-reitoria de Extensão e Cultura. Foi ali que dei os primeiros passos rumo ao trabalho. Foi meu primeiro emprego, e eu já me sentia uma adulta, estudando e trabalhando. Tinha uma vida corrida, mas, como o trabalho e a faculdade eram perto da minha casa, tudo ficava mais fácil.

Nessa época, eu tinha um Fiat 147. Às vezes, ia para a universidade com ele, e enchia o porta-malas de coisas para vender no intervalo. Vendia cintos de uma fábrica de um conhecido, prata de bali e roupa. Eu me sentia uma boa vendedora; sempre tive uma veia comercial muito forte. O que ficou claro nos outros estágios que fiz é que a área comercial sempre foi a minha preferida. Muitas vezes, fazia um estágio no período da manhã, outro no período da tarde e estudava à noite.

Com o passar do tempo, procurei outros empregos e estagiei em diversas áreas, como finanças, RH e marketing, tendo experiências enriquecedoras em grandes empresas da cidade. Nessa época, meu sonho era me formar e ir morar em São Paulo. Meus tios, por parte de pai, haviam se mudado para a grande capital das oportunidades muitos anos antes, e eu imaginava minha vida profissional deslanchando lá. Sonhava em trabalhar em multinacionais ou grandes empresas corporativas, visualizando-me na famosa Avenida Paulista. Contudo, como frequentemente acontece na vida, nossos planos nem sempre se concretizam como imaginamos.

Durante esse período, já era formada em inglês e iniciei os cursos de espanhol e alemão (que posteriormente troquei por italiano e, depois, francês). Em determinado momento, chegava a fazer aula de espanhol, italiano e conversação de inglês na mesma semana, uma verdadeira loucura. Sempre fui apaixonada por idiomas e pela cultura de outros países. Nunca parei de estudar, continuando minha jornada de aprendizado. Atualmente, dedico-me ao estudo do turco, seguindo minha paixão por aprender coisas novas. Sou uma estudante eterna.

A fase da universidade é extraordinária, repleta de festas, aprendizado, novas amizades e crescimento. Eu era muito feliz por estar na UEM e vivenciar tudo que uma faculdade pode proporcionar. Participava ativamente de seminários, da UNE, DCE e diversos eventos no campus, era bastante envolvida nos movimentos estudantis. Inclusive, fui para Brasília participar da votação para a presidência da UNE, ampliando minha visão de mundo e vivendo experiências que jamais imaginava. Construí muitas amizades, estudei arduamente e trabalhei intensamente. Essa fase foi um período de grande amadurecimento pessoal e profissional, pois a universidade é um momento mágico que te ensina a enxergar a vida de outra forma, expandindo sua mente.

Naquela época, não tínhamos o Google ou a internet como recursos amplos e precisávamos fazer pesquisas na biblioteca, tirar xerox, enquanto ainda estávamos aprendendo a lidar com computadores, que eram verdadeiros trambolhos. Para ganhar um dinheiro extra, eu pegava trabalhos para digitar. Estava sempre envolvida em algo novo, como vender perfume importado na lanchonete da UEM. Enfim, minha vida na universidade era uma constante alternância entre estudar e trabalhar, uma verdadeira jornada intensa.

No segundo ano da universidade, conheci meu marido, Manfredo. Começamos a namorar quando eu tinha apenas 19 anos, e foi assim que meus planos mudaram. Manfredo, formado em Odontologia também pela UEM, já tinha seu consultório e uma clientela fiel em Maringá, e ele não queria deixar a cidade. Então, foi aqui que decidimos ficar.

Nessa mesma época, minha mãe teve minha irmã, Maria Eduarda. A Duda veio de surpresa, não estávamos esperando, já que minha mãe não planejava ter mais filhos e havia começado a faculdade pouco tempo antes. No entanto a Duda quis fazer parte da família, e eu, que sempre desejei uma irmã, recebi essa bênção. Apesar da diferença de idade, somos muito amigas. Muitas pessoas pensavam que ela era minha filha, e quando Manfredo e eu saíamos com ela, achavam que era nossa filha. A Duda sempre foi mais quieta e boazinha do que eu. Atualmente, ela vive em Buenos Aires, realizando o sonho de se tornar médica ao cursar Medicina na Universidade de Buenos Aires (UBA).

EU E MINHA IRMÃ, MARIA EDUARDA PERES, EM SÃO PAULO, 2012.

Eu me formei em 1999, já tinha sido efetivada na empresa Indel, onde fazia estágio e fiquei lá por algum tempo. Deixei um sonho de lado, que era ir para uma cidade grande em busca de um emprego no mundo *business*, quem sabe até trabalhar fora do país, mas acabei realizando outro sonho, o de constituir uma família e, assim, formamos a família Peres-Zamponi.

Eu e Manfredo nos casamos em 2001, foi um casamento lindo. Já morávamos juntos havia 5 anos, porém resolvemos fazer a cerimônia perante a Igreja e nossos amigos. Nós nos casamos na Santa Casa, uma capela linda, pela qual eu sempre fui encantada. Um lugar mágico. Meu primo, irmão Gabriel, continua lá até hoje.

A festa foi no restaurante Pavan. Reunimos todos os amigos e curtimos muito, foi uma experiência maravilhosa. No mesmo dia, viajamos para a nossa lua de mel, que passamos em Porto Seguro, Arraial d'Ajuda e Trancoso, na Bahia. Amei a Bahia e toda sua energia; foi a primeira praia do Nordeste com que tive contato e me encantei. Por mim eu me mudaria para lá, porém meu marido não quer saber de sair de Maringá.

Quando retornamos da lua de mel, busquei um emprego e logo em seguida comecei a trabalhar e já senti a necessidade de voltar a estudar. Comecei a fazer um MBA em Recursos Humanos na Cesumar. Era o início da universidade, não havia tantos blocos como hoje, ela estava crescendo exponencialmente. Terminei minha pós-graduação grávida de 6 meses.

Com o nascimento dos meus gêmeos Natan e Pietra, parei o trabalho e demorei a querer voltar a ler, estudar, trabalhar; enfim, por muito tempo tive que me dedicar exclusivamente a eles. Era um trabalho incessante, e eu, como boa virginiana e controladora, não queria ajuda de ninguém. Porém ninguém te prepara para a maternidade. Era um trabalho enlouquecedor, eu mal conseguia tomar banho. Cortei meu cabelo curtinho, porque não dava conta de cuidar dele. Mal sabia se havia escovado os dentes, visto o tanto de trabalho, e a privação do sono era algo aterrorizante. Sempre gostei de dormir e sempre dormi pelo menos nove horas por dia. De repente, via-me tendo que acordar de duas em duas horas para amamentar.

MEUS FILHOS, NATAN PERES ZAMPONI E PIETRA PERES ZAMPONI, AOS 3 ANOS DE IDADE, 2007.

Foi bem difícil, mas meus *babies* eram um encanto! Lindos e muito amados, alegres, de bem com a vida. Apesar de todo perrengue, cansaço, medo, insegurança, ser mãe é algo indescritível, é ter o seu coração fora do corpo; no meu caso, dois corações. Dá um baita medo, e eu era uma mãe superprotetora. Mas, com o passar do tempo, consegui ir soltando as amarras.

Quando eles tinham 3 anos, resolvi abrir a minha loja, meu primeiro empreendimento. Eu me imaginava com uma loja que captasse a minha essência; então, eu que era frequentadora de loja, adorei uma de aromas e presentes bem bacana. Vi um dia que a loja estava à venda e, ao chegar em casa, falei para meu marido. Ele então disse: "Vamos comprar". Entrei em contato com a proprietária e fiquei superanimada. Porém ela acabou vendendo para outra pessoa. Fiquei megadesanimada, mas meu marido, novamente animando-me, disse: "Vamos abrir a sua própria. Você conhece bem os produtos com os quais quer trabalhar e também o jeito que você quer sua loja. Então, corre atrás". E foi assim que, um mês depois, eu estava abrindo a minha loja, a Capim Santo Aromas e Presentes.

A loja era linda, com um cheiro encantador. Consegui vários fornecedores de aromas de ambiente, procurei artesãos locais e coloquei os produtos deles na loja, além das coisas que eu já sabia fazer, como velas e sabonetes. Deixei a loja com a minha cara. Tinha desde incensos e aromas de ambiente até imagens de Buda e de Maria, ou seja, uma loja eclética, cheia de respeito por todo tipo de espiritualidade, e muitos itens artesanais lindos.

Foi uma experiência incrível, porém bem diferente do que eu imaginava. Acreditava que teria mais tempo livre sendo a proprietária, mas não foi bem assim. Eu era a primeira a chegar e a última a sair. Muita dor de cabeça no dia a dia, contas infinitas para pagar, clientes mal pagadores, problemas com funcionários que viviam faltando. Nem imaginava que ter uma empresa era tão desgastante física e emocionalmente.

Com dois filhos pequenos, a cada dia sentia o peso de sair para trabalhar e deixá-los em casa. Outro fator estressante era lidar com os funcionários. Era superdifícil encontrar funcionários prestativos e trabalhadores. A maioria não tinha voz ativa ou não estava disposta a abraçar a empresa, o que foi mais difícil do que eu esperava. Todos os dias surgia algum obstáculo, e eu já estava me sentindo sufocada dentro da minha própria loja, que sempre foi um sonho para mim. Então, literalmente, o sonho estava se tornando um pesadelo.

Porém nunca me arrependi de abrir a loja. Fiz grandes amizades, expandi meus contatos com fornecedores, viajei a negócios. Enfim, foi um grande aprendizado, mas com dois filhos pequenos em casa e a loja não tendo o lucro esperado, colocando na balança, resolvi voltar para casa. Era hora de dar adeus à Capim Santo e alçar novos voos. Foi triste, mas necessário. E, com isso, virei dona de casa. Quando Natan e Pietra começaram a ir para a escolinha, foi ficando mais fácil, e eu voltei a buscar coisas com as quais trabalhar, mesmo em casa. Assim, começou novamente a minha saga de produzir artesanato e vender para os conhecidos. Fazia sabonetes, velas, quadros, difusores de ambiente, sais de banho. E, assim, nasceu a AroMaria, aromas de ambiente.

Mantive todos esses anos as vendas desses produtos, mas nada profissional, nem etiqueta eu fazia, era tudo bem informal. Ainda tinha alguns clientes da Capim Santo, que me procuravam e amigos que sabiam dos meus produtos e sempre pediam algo. Passou-se muito tempo para eu resolver começar a profissionalizar meu trabalho.

Nesse ínterim, decidi cursar Design de Interiores, algo que sempre me atraiu, e essa vontade cresceu ainda mais quando realizei o design para a clínica odontológica do meu marido. Recebemos elogios dos pacientes pela decoração. Então, iniciei um curso na modalidade EaD na Unicesumar. Ao mesmo tempo, resolvemos nos mudar para nossa chácara. Saímos do aluguel e fomos morar longe, porém em algo nosso. No entanto não foi fácil essa transição, pois não havia internet na chácara. Tentamos todos os meios para trazê-la, mas se passaram anos até que ela chegasse. Eu, que fazia faculdade EaD, tive que me virar: assistir à aula no celular com 3G, ir à casa dos meus pais para usar o Wi-Fi ou, outras vezes, a uma cafeteria. Enfim, consegui me formar.

Mas, ao mesmo tempo, foi um período muito bom para as crianças, que cresceram brincando e fora das telas. Curtimos muito a vida na chácara. Acredito que foi a melhor decisão que tomamos, pois, quando veio a pandemia, pudemos curtir o grande quintal, as plantas, a natureza ao nosso redor. Gostei tanto do formato EaD que resolvi fazer outra faculdade, Letras Português/Inglês, que ainda estou cursando e quase finalizando.

Vi que o design não era para mim. Eu amo decorar, mas odeio a parte de desenho, ainda mais os desenhos no computador. Não me agradavam em nada. Nesse mesmo período, eu já vinha escrevendo meu livro de poesia.

Fui convidada por uma amiga para integrar a equipe de colunistas da revista digital *A empreendedora*, voltada para mulheres empreendedoras e considerada a mais popular nesse segmento. Aceitei o convite e, aproveitando minha paixão pela leitura, criei uma coluna dedicada a livros. Ao longo de alguns anos, mantive essa coluna, acumulando valiosa experiência e aprimorando cada vez mais minha habilidade na escrita.

Já tendo prática com a escrita, comecei a enviar poesias para concursos poéticos por todo o Brasil. Entrava no Google e pesquisava concursos literários, participando de todos que eram de poesia. Assim, consegui publicar mais de 10 poesias minhas em antologias poéticas, Brasil afora.

EU EM MINHA CASA, 2022.

Sempre amei escrever poesias; desde meus 14 anos, dediquei-me a escrever, mas nunca imaginei me tornar uma escritora. Tudo aconteceu organicamente, como se o Universo me encaminhasse para isso. Como uma boa leitora voraz, os livros sempre estiveram presentes em minha vida, algo que faz parte do meu ser. Nunca me vi sem um livro nas mãos. Foi assim que, em 2020, com o início da pandemia, resolvi me dedicar exclusivamente à escrita. Em setembro do mesmo ano, publiquei meu primeiro livro pela Chiado Books, uma editora portuguesa que lançou meu livro simultaneamente no Brasil e em Portugal.

A casa verde e amarela

Havia acabado de me mudar para a chácara e ainda estava em fase de adaptação. No entanto acredito que tenha sido o momento certo, pois, quando a pandemia chegou, eu estava em um ambiente repleto de verde, cercado por pássaros e natureza, o que me fez sentir mais conexão com o mundo. Assim, encontrei ânimo para sentar e escrever meu livro, que ficou pronto em um mês.

Após concluir a escrita, pesquisei os próximos passos e enviei o original para diversas editoras que aceitavam trabalhos de autores estreantes. Mesmo enfrentando o receio do possível não, lancei-me com coragem, e a resposta de todas as editoras que receberam meu livro indicava que a história era digna de publicação. Escolhi a editora e prossegui com o processo editorial. É um livro de poesia no qual relato minhas memórias de infância vividas em Presidente Castelo Branco. Consegui traduzir todas as emoções da minha infância, compartilhadas com meus avós e amigos, tudo isso expresso em forma de poesia.

A Casa Verde e Amarela
No verde das paredes eu via a minha pátria eu sabia que ali eu pertencia
Àquela casa tinha um amor guardado
Tinha pão caseiro assando na folha de bananeira
No forno à lenha
Tinha bicho de todo jeito
Gato, galinha, cachorro, peru e macaco
Tinha pulga pulando no assoalho
Mas isso já não me incomodava

Eu queria estar ali
Todo dia
Ia aos fins de semana e nas férias
Meu sonho era mudar para aquela casa
Onde eu comia fruta no pé
E corria no cafezal
Brincava na rua
Não tinha celular
Não tinha pressa pra nada
Havia só o prazer de brincar
De ouvir minha avó me chamar pra jantar
O dia todo na rua
Sem pensar em nada
Subindo no pé de manga e comendo até se lambuzar

LANÇAMENTO DO MEU PRIMEIRO LIVRO, EM MARINGÁ, 2020.

O lançamento em Maringá foi destinado a alguns amigos próximos e familiares, uma vez que ainda estávamos em plena pandemia. O evento ocorreu na cafeteria Tayer, de um amigo que, gentilmente, cedeu seu espaço para que eu pudesse receber alguns amigos e familiares. Foi muito especial poder estar perto das pessoas, mesmo usando máscara e com todos ainda receosos de se contaminar; no entanto, conseguimos aproveitar a noite.

Com o passar do tempo, decidi começar a escrever um novo livro, e assim surgiu minha segunda obra, *O voo do albatroz*.

Trata-se de um livro de poesias que fala sobre os elementos ar e terra. Eu me inspirei em tudo que me rodeia na chácara em que eu moro: natureza, verde, pássaros, plantas, flores, tudo que comecei a perceber, quando eu resolvi me conectar com as coisas que me rodeiam. E foi assim que publiquei, em 2022, o meu segundo livro, dessa vez pela editora Autografia, do Rio de Janeiro.

Já não estávamos mais em pandemia, então tive a oportunidade de lançar esse livro na Bienal de São Paulo, o que para mim foi uma grande revolução e me proporcionou vários sentimentos. De alegria, resiliência, constância, realização, enfim, preencheu-me de várias formas e me fez acreditar em meu potencial como escritora.

LANÇAMENTO DO LIVRO, NA BIENAL DE SÃO PAULO. OUTRO SONHO REALIZADO, 2022.

Acabei abrindo espaço para outra profissão, que é ser mentora de escrita. Ajudo as pessoas que têm interesse em escrever um livro, mas não conseguem sozinhas. Faço a revisão, o direcionamento, a escolha de editora etc. Todo o processo para fazer o livro se tornar real e físico. Continuo escrevendo, agora meu terceiro livro, que será focado nos elementos fogo e água; espero conseguir lançá-lo em 2024.

A pandemia gerou muitas transformações. Para mim, a maior delas foi encarar o dia como se não houvesse amanhã. Claro que ainda me planejo, mas não tenho mais aquela preocupação com o dia seguinte. Vivo hoje.

**Afinal só existe o hoje, amanhã é outro dia.
Aprendi a viver um dia de cada vez.**

Ano passado, uma amiga convidou-me para montar um grupo de mulheres empreendedoras. Bem, eu sempre me achei uma mulher empreendedora e resolvi aceitar o desafio. Eu havia terminado um curso de cerâmica Raku, algo que eu desejava fazia muito tempo, e com a pandemia surgiu a oportunidade.

Amei cada peça que criei e comecei a vendê-las. Então, vi no grupo uma oportunidade de fazer *networking* e apresentar meu trabalho de ceramista e da AroMaria. Assim surgiu a Cerâmica by ME, minha marca de cerâmica. Criamos o grupo de mulheres, que resolvemos chamar de **AuroraS**, advindo de aurora, que significa "amanhecer". É um termo oriundo do latim. Aurora significa uma claridade visível no céu antes do nascer do sol e indica o começo do dia. No sentido figurado, aurora significa infância, juventude, princípio da vida. Na mitologia romana, Aurora é o nome da deusa do amanhecer, nome correspondente à deusa grega Eos.

Segui vendendo meus produtos de cerâmica e aromas, até que um dia decidi profissionalizar mais, criar *branding*, logomarca, etiquetas, site. O primeiro passo foi definir uma linha de produtos à qual iria me dedicar. Analisando o que mais gosto de fazer e no que tenho mais experiência, decidi pela linha de velas aromáticas.

Sempre fui apaixonada por velas, tinha uma coleção imensa na juventude e fiz um curso há mais de 25 anos. Como sempre gostei de produzir velas, achei que essa seria minha melhor opção. Assim nasceu a ByZena Velas Aromáticas.

Minha linha de Produtos ByZena.

Zena é um apelido carinhoso que me foi dado pela minha irmã, visto que, quando ela era pequena, não conseguia pronunciar Maria Eugênia e me chamava de Zena. Comecei a assinar minhas telas como Zena; sim, sou artista plástica também e amo pintar. O primeiro passo foi desenvolver a coleção. Veio então a ideia da coleção "My Secret Garden"; criei uma linha de velas, todas feitas com *blends* aromáticos, cada linha com três tipos de aromas: amadeirado, frutal e floral. Após criar a coleção e suas linhas, desenvolvi a logomarca.

Acabei de lançar a segunda coleção da ByZena, a Botica, e sigo produzindo e criando. Não é fácil. Eu mesma crio, produzo, divulgo, faço as redes sociais, vendo, faço pós-venda, crio novas coleções, ou seja, sou a faz-tudo. Sei que não é de um dia para o outro e tenho muito trabalho pela frente. Canso, penso em desistir, desanimo, mas sigo com fé e foco, venço meu desânimo e continuo firme.

Acredito no tempo de Deus.

Em julho de 2023, nosso grupo de mulheres fez um ano. Tem sido maravilhoso conhecer tantas mulheres, recebê-las de braços abertos, ouvir e ser ouvida, crescer, aprender e passar conhecimento; o fortalecimento pela união de tantas mulheres é algo surreal.

Juntas somos mais fortes

O grupo sempre focou a sustentabilidade e o produto artesanal e regional, valorizando o artesanato advindo de materiais sustentáveis. Porém, com o passar do tempo, o grupo, organicamente, foi tomando vida própria. Hoje temos muito mais mulheres prestadoras de serviços do que artesãs, mas o objetivo segue sendo deixar um rastro de sustentabilidade por onde passamos.

Muitas mulheres já passaram pelo **AuroraS** e, com elas, aprendemos a ver o mundo de outra forma, pelo olhar de outras mulheres. Vemos suas histórias, nos conectamos, transformamos o grupo numa grande família, onde juntas aprendemos e divulgamos nosso trabalho. Não somos um grupo de *networking*, somos um grupo de mulheres focadas em ajudar outras mulheres. Esperamos que essa conexão com outras mulheres empreendedoras nos dê mais força e disposição para enfrentar nossos próprios desafios do dia a dia.

Logo que começamos o grupo, eu já senti o anseio de escrever um livro com a trajetória de tantas mulheres inspiradoras, mulheres essas que me trouxeram aprendizado e, acima de tudo, mostraram-me outras realidades, outras histórias, tantas histórias que merecem ser contadas.

E assim, aqui, praticamente um ano depois, estamos concluindo esse projeto e criando este livro tão especial. Espero que essas histórias toquem vocês, leitores, assim como tocaram a minha alma. Seguimos firmes com muitos projetos. Em 2023, criei a revista digital das **AuroraS**, da qual sou editora-chefe. Temos vários planos pela frente, o grupo está sempre em movimento.

Nesse meio-tempo, resolvi colocar outra ideia em ação: a Confraria Literária. Eu, como boa leitora, sempre participei de vários clubes do livro na minha cidade. O clube Amigos de Palavras, no qual fiquei por oito anos e fiz lindas amizades; o Bons Casmurros, que frequentei por algum tempo e me trouxe grande aprendizado; o Leia Mulheres, projeto voltado a livros de escritoras; enfim, foram muitos livros lidos, muito bate-papo, muitas risadas e muito vinho. Mas 2022 foi um ano de decisões e mudanças, então decidi sair dos clubes que frequentava e resolvi criar o meu próprio, outro sonho realizado.

PRIMEIRA CONFRARIA LITERÁRIA, 2023.

A confraria literária juntou duas coisas pelas quais sou loucamente apaixonada nesta vida: tomar vinho e ler livros. Criei o cronograma de livros, no qual a cada mês lemos um gênero literário diferente; isso, para sair da zona de conforto, pois, se dependesse de mim, só leria romance, fantasia e mistério. O grupo traz a oportunidade de navegar por vários gêneros; fazemos uma viagem pelo romance, pela fantasia, pela ficção, pela autoajuda, pelo mistério, pelo *best seller*, pelo nacional, ou seja, lemos de tudo. Para acompanhar esse nosso bate-papo, a cada mês escolho um país e o vinho que representa esse local. A cada encontro, viajamos para França, Itália, Argentina e Espanha, fazendo a degustação e estudando sobre o vinho e sua vinícola.

Muito aprendizado, muitas risadas, muito bate-papo. No começo, só chamei algumas amigas mais próximas, mas criei um perfil no Instagram da confraria e tenho recebido muitos pedidos de participação. Porém, hoje, a confraria está fechada com 25 mulheres, pois é necessário tempo para a discussão do livro e para que todas tenham voz; assim, não posso receber mais mulheres no momento. Quem quiser participar, entra em uma lista de espera para, quem sabe, ingressar em uma segunda confraria futuramente, visto que não quero perder o foco.

Faz mais de vinte anos que aprendi a amar os vinhos e fui estudando, descobrindo suas histórias, refinando meu paladar. Claro que não sou uma megaentendida no assunto, mas sou uma entusiasta. Com todo esse tempo dedicado à leitura, hoje posso dizer que realmente sou uma leitora voraz, lendo em média 250 livros por ano. Sou muito eclética e leio de tudo. Sigo aprendendo todos os dias, em cada página lida.

> **"Palavras formam frases, frases formam parágrafos e, às vezes, parágrafos acordam e começam a respirar."**
> **(Stephen King)**

Com todo o processo que passei para publicar meus livros, hoje já tenho experiência para ajudar tantas pessoas que desejam escrever um livro, mas não sabem nem por onde começar. Resolvi oferecer mentoria literária. O primeiro livro publicado por um grande amigo mentorado por mim é *Uma trajetória de sucesso*, de Inácio Paganini, em coautoria comigo. O livro acabou de ser lançado, e me sinto extremamente feliz em poder ter trazido à vida a história dele. Uma história de muita superação.

Agora, estou também mentorando todas as **AuroraS** envolvidas neste projeto. Desde a primeira vez que senti que deveria unir mulheres para juntas escrevermos um livro, eu soube que seria um livro muito especial. Algo que me daria bastante realização pessoal. Escutando e lendo tantas histórias, tantas lutas, tantas batalhas, nem imaginava que me emocionaria tanto em fazer parte desse momento, em união com essas amigas e concretizando mais um sonho.

Empreender para mim foi um caminho árduo e solitário, por isso vejo no **AuroraS** a chance de compartilhar conhecimento e aprendizado, bem como dar a mão e mostrar que não estamos sozinhas. Podemos caminhar juntas, ajudando a divulgar o trabalho uma da outra, colaborando para vencer os obstáculos que o empreendedorismo nos coloca. Somos um grupo de mulheres que busca esse caminho, não queremos mais seguir sozinhas, pois sabemos a importância de estender as mãos. Não queremos competir, queremos compartilhar.

> "O futuro pertence àqueles que
> acreditam na beleza de seus sonhos."
> (Autor desconhecido)

Sigo sonhando

Hoje meus filhos, Natan e Pietra, já estão com 18 anos, em busca dos seus próprios sonhos, prestando vestibular para Medicina. Meu marido e eu já estamos juntos há vinte oito anos. Ele segue com sua clínica odontológica, e eu sigo mudando o design da clínica dele. Minha irmã, também com 28 anos, está realizando seu grande sonho de se tornar médica e criar uma família com seu noivo. Meus pais estão vendo seu sonho se realizar. Meu pai viajando bastante, após se aposentar, e minha mãe trabalhando ainda, mas porque não consegue parar. Vai trabalhar até morrer, com certeza, mas feliz em ver suas filhas e seus netos felizes.

E assim a vida segue, na beleza dos nossos sonhos, na concretização deles e na alegria que o caminho até atingir esses sonhos nos oferece.

> "Crê nos sonhos, pois neles está escondida
> a porta da eternidade."
> (Khalil Gibran)

Ainda ontem pensava que não era mais do que um fragmento trêmulo sem ritmo na esfera da vida.
Hoje sei que sou eu a esfera, e a vida inteira em fragmentos rítmicos move-se em mim.
Eles dizem-me no seu despertar:
Tu e o mundo em que vives não passais de um grão de areia sobre a margem infinita de um mar infinito.

E no meu sonho eu respondo-lhes:
"Eu sou o mar inAnito, e todos os mundos não passam de grãos de areia sobre a minha margem."
Só uma vez Aquei mudo.
Foi quando um homem me perguntou:
"Quem és tu?"

(Khalil Gibran)

Eu em 2023.

Odilia da Silva Dossi

Em frente à casa do meu pai, com meus irmãos Bruno, Conceição e Dinah, e meus sobrinhos Sergio, Renato, Cida, Eliete e Edna, 1973.

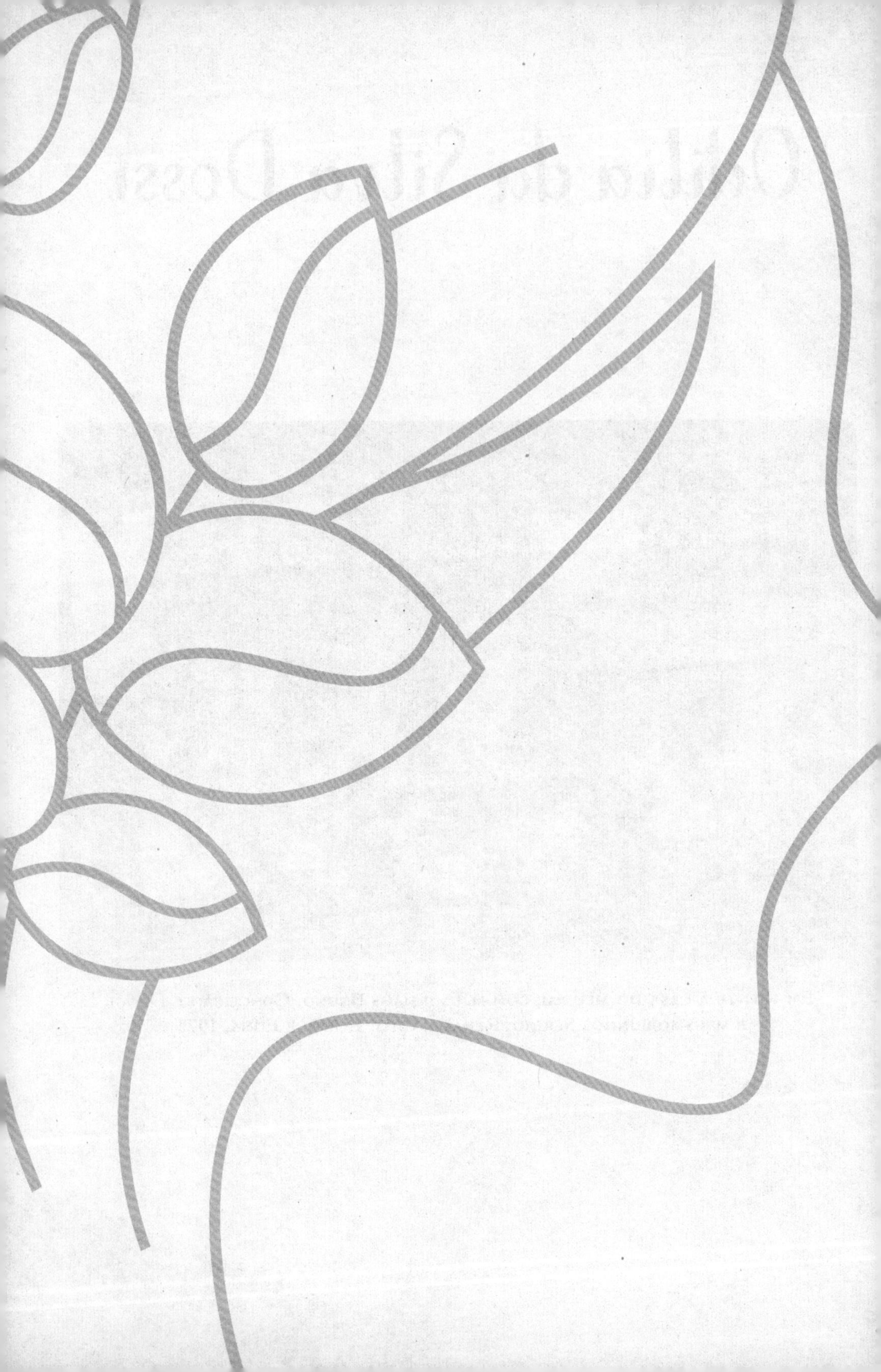

CARTA PARA A CRIANÇA
Odilia

Ei...ei... Odiliaaaa, que saia curta é essa? Vai trocar de roupa agora, você não está vendo que tem meninos próximos? Sei que são seus sobrinhos e seu irmão, mas são meninos.

Espere um pouco, menina, estou lembrando de tudo agora: nessa sua época, a família não tinha como comprar roupa e calçado para você. Lembro-me dessa saia azul; foi a merendeira, Dona Maria, que deu para você, e esse seu chinelo de dedo era preso com grampo de cabelo, para não soltar as tiras. Poxa, menina Odilia, me perdoe, errei com você, pode ficar com essa saia, você está linda.

Sabe, Odilia, olhando para você agora, não imaginei que se tornaria essa mulher lutadora, com coração bom. Sei que você já me perdoou, porque seu coração sempre foi bom, você nunca foi de guardar mágoa ou rancor, e foi por mais esse motivo que superou todas as humilhações e as dificuldades, não se prendeu na amargura das pessoas.

O tempo passou, você cresceu, estudou, casou-se, empreendeu, arriscou, ganhou, perdeu, sofreu, foi feliz, sorriu, chorou, contemplou e renasceu.

Você é uma menina mulher incrível. Parabéns por você não desistir quando tudo parecia perdido, aprendi a te amar ontem, hoje e para a eternidade.

Você, sim, é a minha melhor versão, meu espelho, meu orgulho, você é fantástica. E você, Odilia menina, o que tem para eu dizer?

Nunca pensei que você chegaria aonde chegou com tantas honras e méritos, tenho orgulho e admiração, pode continuar de cabeça erguida, nossa história parece de ficção, mas você é real. E não se esqueça de onde você veio nem de onde está; o trajeto foi longo e de difícil acesso, mas chegou você aqui, para nos contar nossa trajetória.

O mérito não está no ter, mas sim no ser forte, lutadora e desbravadora; isso nos torna uma mulher inigualável.

Empreendedorismo: o que é empreendedorismo no dicionário Aurélio?

Se você buscar a palavra "empreender" no dicionário Aurélio, o famoso dicionário da língua portuguesa, encontra a definição: "Indivíduo que possui a capacidade para idealizar projetos, negócios ou atividades; pessoa que empreende, que decide fazer algo difícil ou trabalhoso". Eu entendo essa definição como bem aceitável, porque atrás de cada empreendedor neste país existe uma história individual de lutas, perdas, dores, riscos, alegria, desesperança e esperança.

Empreender é um trabalho árduo, mas tem sua recompensa. Há, também, muito trabalho em equipe, propósito, companheirismo e metas a atingir. E eu tive e tenho tudo isso, conto com a colaboração valiosa do meu companheiro de vida. Meu marido Clemente. Fui convidada a participar de mais uma empreitada, que consiste em contar minha história de vida e minha trajetória para chegar até aqui. Digo que não foi fácil tomar a decisão porque, para chegar até aqui, segui um caminho longo e doloroso. Mas minha vida é feita de desafios e superação, e eu nunca desisti, então vamos lá.

Há pouco tempo, entrei para a Confraria de Livro/Vinho aqui em Maringá, Paraná. Na confraria literária, temos a missão de ler um livro por mês e, em determinado dia, nos reunimos para debatê-lo. No entanto não estou aqui para falar sobre isso. Quero abordar uma frase que li em um desses livros. Existe uma lição na milenar sabedoria japonesa que diz: "Faça o melhor com que tiver e nunca desista."

Eu nunca desisti, porque não era uma opção. Assim como milhares de brasileiros nas décadas de 1960 e 1970, meus pais tinham o sonho de vir para São Paulo, não para fugir da seca ou da miséria que assolava algumas regiões do Brasil; esse sonho era mais do meu pai do que da minha mãe. Ele comprou um terreno na periferia de São Paulo, hoje já não é tão periferia, na região do aeroporto de Congonhas. Minha mãe, mulher branca, nascida na cidade, filha de criação de rica família mineira, letrada, casou-se com negro viúvo, pai de dois filhos, semianalfabeto, ou seja, o que hoje chamamos de analfabeto funcional. Lavrador, garimpeiro e tantas outras atividades dignas que provêm o sustento para ele e para os filhos. O desejo de minha mãe vir a São Paulo era para dar mais estudo para os filhos; minha mãe prezava os estudos, já meu pai achava que bastava saber ler e escrever.

Morávamos, na época, no interior de São Paulo, em uma corrutela de nova Marília, hoje pertencente ao município de São João do Pau D'Alho, quase divisa com Mato Grosso, região rica do estado de São Paulo, onde a frase "plantando tudo dá" aplica-se como máxima. A vida não era fácil para meus irmãos mais velhos, pois tinham que trabalhar na roça, mas, antes, tinham que ir para escola, regra da qual minha mãe não abria mão.

Nessa época, meus irmãos desconheciam a palavra "fome", pois tínhamos tudo em abundância; só a conhecemos mais tarde, com muita propriedade. Guardo em minha memória lembranças desse período, onde tudo era em abundância: a beleza dos lugares, os vastos cafezais da região com suas flores brancas e seus frutos vermelhos, as plantações de milho, arroz e, principalmente, os algodoeiros. Tínhamos muitas regras de disciplina a seguir, principalmente respeito aos pais, aos mais velhos, honestidade, franqueza, disciplina e perseverança.

Em agosto de 1963, em São João do Pau D'Alho, às 4 horas da manhã, nasceu esta jovem senhora que vos escreve. No entanto não posso falar de mim sem mencionar meus pais. Otávio era o nome dele, um homem negro de sorriso largo, palavras contidas e muita altivez. Era extremamente elegante, gostava de vestir calças brancas de linho e chapéu-panamá. Mesmo em tempos mais modernos, já morando na cidade, continuou fazendo uso desses trajes até o último dia de vida. Durante muito tempo, principalmente na minha adolescência, não conseguia definir meus sentimentos em relação a ele; era uma mistura de medo, respeito e admiração. Hoje eu sei, tanto quanto meus irmãos, que tivemos o melhor pai que um filho pode ter.

> *"Quem ama, educa."*
> **(Içami Tiba)**

Minha mãe, Maria, era uma mulher linda, branca, alta, esguia, de pele que mais parecia seda, cabelos castanhos e longos que chegavam próximo à cintura. Meu pai casou-se duas vezes. Com sua primeira mulher, teve dois filhos, Carolina e Francisco. Ficou viúvo, e passados alguns anos, conheceu minha mãe, Maria. Sem perder tempo, pediu-a em casamento, e juntos foram morar numa cidade do interior de São Paulo, onde tiveram onze filhos, sendo eu a décima.

O décimo-primeiro era meu irmão caçula Bruno, que já não está entre nós. Essa perda foi e é muito dolorosa. Ele era um menino feliz, sempre de bem com a vida, sempre rodeado de amigos, morava em Goiânia. Conversávamos sempre, duas a três vezes ao dia, sobre diversos assuntos, muita risada e alguns contratempos, coisa de irmão. Em 2018, eu o trouxe para trabalhar aqui em Maringá. Sempre muito prestativo, gostava de cozinhar, e nos deliciávamos com seus pratos elaborados, cujo aroma atravessava os muros, despertando elogios das vizinhas. Morou comigo por dois meses, tempo mais que suficiente para nos unir ainda mais, #amorincondicional.

Nos últimos tempos, ele passou por fases muito difíceis, e, em 2020, foi diagnosticado com câncer no pulmão, vindo a falecer oito meses depois.

O dia que mudou nossas vidas – 24.12.1966
Então é Natal, o que você fez?

Na véspera de Natal, minha mãe fez vários pães no forno de barro, a lenha, e biscoitos de polvilho, além de dois bolos de pão de ló. Como toda criança, eu colocava o sapatinho na janela para aguardar o Papai Noel. Fomos crianças educadas e fazíamos o que ela pedia, então achávamos que merecíamos ganhar presentes.

Todo Natal tínhamos que ir à missa, que ocorria ao meio-dia. Íamos nesse horário porque só havia um capelão para cobrir toda a região, então nossa missa de Natal era nesse horário, motivo pelo qual nosso almoço aconteceria mais cedo. Minha mãe, uma excelente costureira, muito caprichosa e trabalhadeira, levantou-se cedo, às 5 horas da manhã, como era de costume. Matou os frangos para o almoço, banhou-se, colocou meia fina, passou pó de arroz no rosto e usou seu perfume preferido.

Sempre vaidosa, por volta das 10 horas da manhã, todos os filhos estavam de banho tomado e com roupas novas que ela costurava. Todos tinham recebido seus presentes, a mesa do almoço estava forrada com uma toalha de linho branca simples, porém bonita. Foram colocados o pernil de porco, o peru assado, o frango assado, o arroz, o feijão, a salada, e o macarrão estava sendo cozido. A mesa estava repleta de muito amor e gostosuras, todos aguardávamos o almoço, que no dia a dia era servido às 9 horas, mas, como era uma data especial, seria servido por volta das 10 horas.

De repente, minha mãe sai na varanda e vê meu pai, já bem longe na estrada de terra batida. Balbucia alguma coisa e retorna para dentro de casa, entra em seu quarto, tranca a porta e, em seguida, ouvem-se dois estampidos. O tempo parou. O desespero tomou conta de todos na sala. Enquanto alguns tentavam arrombar a porta, outros saíram correndo atrás do meu pai, que também tinha ouvido os estampidos. Meu pai retornou para casa em desespero, com toda força que um humano pode ter, entrou no quarto, do qual meu irmão Sebastião já havia quebrado a janela e aberto a porta; a cena que ele viu roubou-lhe as forças, fazendo com que precisasse ser amparado. Ali, diante dele, caída envolta numa poça de sangue estava ela, sua Maria. Acabou ali uma vida de companheirismo, respeito e amor.

Nunca mais a ouvimos cantar as mais lindas canções sertanejas. Todos os anos, meu pai chorava nesse dia. Eu via a tristeza estampada no seu rosto; era uma cena muito triste. No entanto, na véspera do Ano-Novo, era uma verdadeira festa. Nós esperávamos esse dia porque sabíamos que íamos todos colaborar para temperar as carnes. Ele fazia questão de todos os filhos almoçarem juntos. Todo Ano-Novo tinha peru e carne de porco, salada de maionese; era uma fartura. Mesmo na época de dificuldades, essa data era especial, e ele a reservava para unir todos: irmãos, cunhadas e netos.

Morávamos no sítio, tínhamos criação de animais: galinhas, cavalos, vacas, peru e dois patos, sem falar do cachorro. No entanto, com a morte da minha mãe, eles foram aos poucos morrendo. Depois de dois anos, meu pai decidiu que era hora de mudar de vida. Ele não se casou novamente após a morte de minha mãe.

Ter esses doze irmãos sempre foi muito bom; sempre fomos unidos, cuidando uns dos outros. Às vezes, havia "arranca-rabos", mas é coisa de família grande. Minha irmã Osvaldina cuidava de nós como se fôssemos seus próprios filhos. Ela era brava e, ao mesmo tempo, amorosa, fazia tudo o que estava ao seu alcance e nos enchia de amor, muito amor. Como eu era muito pequena, me apeguei a ela. No Dia das Mães, eu levava a flor que fazia na escola para ela e, em outro ano, para Lice, que eu tinha como referência de mãe. Nesse dia, eu observava aquelas mães tão felizes em receber os mimos que os filhos preparavam, e ficava pensando como seria tê-la naquele momento. No entanto minhas irmãs estavam ali para suprir essa carência.

Em 1967, mudamo-nos para São Paulo, capital, e fomos de trem. A viagem foi longa, especialmente com tantas crianças. Era o momento de encarar novos desafios, começar uma nova vida em outra cidade, totalmente desconhecida para a maioria de nós. Íamos sem saber qual seria nosso futuro. Como criança, viajar de trem era só festa, novidade, e ao chegar na capital, tudo parecia muito grande. Meus irmãos ficavam muito preocupados, sempre nos aconselhando a não sair de casa, a brincar só no quintal.

Minha irmã Carolina, a mais velha, já morava em São Paulo e tinha duas casas pequenas em seu terreno enorme. Nós brincávamos muito nesse terreno, que era bem inclinado; ela tinha criação de porcos e galinhas. Eu sempre rolava morro abaixo só para chegar lá embaixo toda suja de terra. Minha irmã cedeu ao meu pai uma dessas casas, para que ficássemos lá até conseguirmos construir a nossa.

Meu cunhado João, marido da Carolina, e meu irmão Olegário tinham ido antes para São Paulo e começaram a construção da casa; com muito esforço e pouco dinheiro, fizeram um quarto, uma sala e cozinha. O banheiro era de madeira, para o lado de fora da casa, era uma fossa com o quadradinho no chão. A água vinha de um poço que estava furado e usávamos o saril e o balde; a água era límpida e fresquinha, não havia água encanada nem esgoto. Tudo era muito pequeno, e estávamos em muitas pessoas, muitas crianças, com pouquíssimo espaço, não era fácil. Mas era o que a vida nos oferecia naquele momento.

    A casa era nos fundos, com as portas voltadas para a frente da rua, sem pintura e sem muro. Tinha uma janela na cozinha. Na sala, o piso era de taco, que eu limpava e passava cera, deixando-o brilhando. Eu me sentava num pano de chão, e minha irmã Conceição pegava pelos meus pés e me puxava, me rodopiando e escorregando. Cada vez mais, era uma sensação de liberdade, e o piso ficava lindo. Não tínhamos enceradeira para facilitar a limpeza. Na sala, havia duas entradas; essa lateral ligava a cozinha, e meu pai tinha seu lugar reservado na mesa. Ninguém se sentava no lugar dele, que era na ponta, onde ele podia observar tanto o movimento da sala quanto o do quintal, que dava para a rua.

    Dormíamos num quarto amontoados. Havia três beliches nesse quarto, e em cada cama de beliche dormíamos em dois. Minha irmã Celina dormia no sofá da sala, e, na cama de solteiro, dormia meu pai. Com o passar dos anos, construímos mais um quarto e separamos as mulheres dos homens. Também fizemos um banheiro e uma lavanderia dentro de casa. Foi um grande avanço. Os irmãos mais velhos, que já tinham se mudado para São Paulo e constituído suas próprias famílias, nos acolheram como puderam; eram eles Osmarina, Sebastião, Carolina e Francisco.

    Meu pai se desdobrou para criar aquele monte de filhos pequenos. Ele escolheu cuidar dos filhos durante o dia e trabalhava a noite como guardador. Em dias de chuva, acompanhava os clientes até a entrada do restaurante, protegendo-os com guarda-chuva, nos aeroportos e outros locais. Durante o dia, íamos para escola, e ele ficava em casa, cuidando dos afazeres domésticos.

    Como meus irmãos tiveram dificuldade em arrumar emprego, a fome já era nossa conhecida. A comida era pouca, mas pelo menos íamos para a escola, onde, felizmente, tinha a merenda escolar, então fazíamos nossa refeição lá. Pelo menos uma refeição era garantida.

As crianças, todas, tinham lancheira; eu não tinha, mesmo porque também não tinha o que colocar dentro dela. Lembro-me do pão com mortadela embrulhado no guardanapo que minha colega Neiva levava. Ela, às vezes, me oferecia. Como sabia que eu sempre aceitava, ela se poupava de dividir comigo, na maioria das vezes, afastando-se de mim. Eu me aproximava das outras crianças para elas oferecerem lanche; outras vezes, elas se afastavam de mim, para não dar um "teco". Eu ficava triste e me isolava num canto, me abaixava, colocava as mãos no joelho e chorava.

Na escola, usávamos uniforme: saia cinza listradinha de branco, camisa branca e conga. Ao longo do ano, o uniforme já estava puído, bastante desgastado, mas não tínhamos como ter outro. As crianças riam da condição do uniforme, e esse sentimento sempre mexeu com minha autoestima. Eu me sentia muito mal e me isolava; nunca fui de ter muitos coleguinhas.

Quanto às nossas roupas, só tínhamos o que ganhávamos dos outros, incluindo calçados. Meu pai nunca admitiu que pedíssemos nada para ninguém. Embora passássemos por necessidades, não podíamos pedir coisas aos outros; se ele soubesse, a palmatória corria solta. Então, vivíamos assim, com muito pouco para comer e vestir. Era um período de muita escassez, e ainda não visualizávamos uma alternativa de como sair desse ciclo de pobreza.

Fomos educados de uma maneira muito rígida, na qual todos tinham razão, menos nós, os filhos. Se um vizinho fosse reclamar de nós, apanhávamos, às vezes sem saber qual era o motivo. Felizmente, a educação deu certo, e nos tornamos trabalhadores, honestos, pessoas de bem. Com a experiência que meu pai tinha adquirido no sítio, ele plantou pé de manga, parreira de uva, milho, amora, ameixa, banana em nosso quintal e fez uma horta. Tínhamos cebolinha, salsinha e couve, e tudo dava frutos, mas não chegava a amadurecer, pois pegávamos antes, cada um em sua época. Pelo menos nessa fase havia mais coisas que podíamos comer.

Meu pai fez um balanço no pé de manga, e eu brincava de pegar as nuvens. Sonhava de olhos abertos toda vez que ia para o alto e elevava a mão para ver se tocava nas nuvens, podendo trazer um pedaço para mim. Eu ficava horas ali brincando.

A parreira de uva servia para meu irmão Osmar, o mais velho entre nós, chegar do colégio tarde da noite e começar a mexer nas folhas para nos assustar. Sentíamos muito medo, íamos correndo para o quarto e nos amontoávamos, um em cima do outro, para nos proteger, pois não sabíamos o que tinha lá fora, pensávamos que fosse um ladrão. Quando ele percebia que estávamos chorando, entrava rindo, e nós partíamos para cima dele com muita raiva.

Se perguntarem se tive uma infância feliz, direi que é difícil associar felicidade com estômago vazio, mas vivi momentos bons. Eu e meus irmãos brincávamos com o que tínhamos. Nossa rua não era asfaltada, então, quando chovia muito, era uma delícia brincar na enxurrada e no barro. Descer deslizando naquele barro era um momento maravilhoso. Depois, íamos tomar banho no tanque de lavar roupa e aproveitávamos para passar sabão nas roupas. Quando estava seco, brincávamos de carrinho de rolimã, bolinha de gude, passa papel, queimada, taco. Era muito divertido. Em resumo, tivemos uma infância difícil, mas com momentos de alegria.

Nossos ex-vizinhos, Dona Arlete e o Sr. Manoel, têm uma filha chamada Célia e um filho chamado Ademir. Crescemos juntos; eu dava mamadeira para o Ademir, um bebê de colo, enquanto a Célia já era maiorzinha. O casal sempre nos ajudou na alimentação, raspava a panela em que fazia o mingau e, depois, eu tomava um pouco desse mingau que era colocado na mamadeira. Eles foram uma bênção em nossa vida, sempre cuidando de nós.

Foi por meio da Dona Arlete que aprendi as orações do Terço. Todo ano, quando havia festa junina na casa da vizinha Isabel, que acendia a fogueira, tinha pipoca, quentão, bolo de milho, pinhão, bolo de fubá, e só era liberado para comer depois que rezassem o Terço e invocassem todos os santos do mês: Santo Antônio, São Pedro e São Judas. No fim, rezavam a Ladainha. Eu lia alguns trechos da Bíblia; sempre havia muita gente, e, ano após ano, eu era convocada para ler na festa de todos os santos.

Com o tempo, meus irmãos foram conseguindo emprego, então as coisas começaram a melhorar; às vezes, tínhamos até duas refeições por dia, quase um milagre. Conseguíamos aliviar um pouco da fome que nos consumia, eram dias mais felizes.

Meu irmão Osmar, que é dois anos mais velho, aos 10 anos de idade começou a fazer carreto na feira (levava as compras das madames até a casa delas) e, em troca, elas ofereciam sempre alguma coisa. Assim, o almoço era garantido; ele também trazia as frutas e verduras que os feirantes davam para ele. Era uma alegria só, contar as gorjetas que as madames ofereciam. Esses dias eram de muita festa para nós, a família continuava a garantir suas duas refeições. Quando digo duas refeições, uma era a merenda, e a outra era o que tínhamos no dia, geralmente uma bengala de pão, que esperávamos ansiosos para que Olegário trouxesse. Não era nada muito nutritivo, mas pelo menos tínhamos algo para forrar o estômago.

Minhas irmãs conseguiram emprego como empregadas domésticas, e as patroas davam um pouco de comida para elas levarem para casa. A situação financeira começava a aliviar, mas ainda enfrentávamos muitas dificuldades. Ainda estávamos longe de melhorar de vida, incluindo alimentação e vestimentas. Minha irmã Osvaldina colocava a comida numa bacia e dividia por 4: eu, Conceição, Osmar e Bruno. Cada um tinha sua parte, mas sempre havia os espertinhos que queriam comer a parte de outro. Daí a confusão estava arrumada, e meu pai tinha que intervir falando apenas uma vez.

Meu primeiro emprego

Começa a mais nova empreitada que uma criança poderia passar. Aos 12 anos, comecei a trabalhar como empregada doméstica para a patroa do meu irmão Olegário. Fui encarregada de limpar a casa e passar roupa, mas, como era muita roupa, e eu não tinha experiência nesse tipo de serviço, não demorou muito para que fosse demitida.

Ainda criança, gostava de ir ao circo e comer algodão-doce. Meses depois, minha irmã Osvaldina conseguiu um emprego para mim em uma fábrica de camisas perto de casa, o que facilitava minha locomoção para o trabalho. Comecei como ajudante de costura, tirando fios das camisas. Depois, fui promovida a pranchar golas de camisa. Eu era muito boa nisso, batia todas as metas de produção, mas tinha um grande defeito: conversava muito com as colegas de trabalho, o que não era permitido, pois atrapalhava o trabalho delas. Foram três advertências; mesmo assim, consegui uma promoção para ser costureira. Mas, como não era caprichosa, voltei para a produção, onde continuei conversando muito, e veio a suspensão. Minha irmã foi falar com o gerente para que eu não perdesse o emprego devido à nossa situação. Ela sempre me salvava dos enroscos em que eu me metia, mas não teve jeito, fui mandada embora. Fiquei 2 anos nessa empresa, trabalhando lá até os meus 15 anos de idade.

Minha outra irmã, Olga, começou a trabalhar no banco, um ambiente diferente de tudo que já havia vivido. Era um local bonito, com pessoas bonitas e bem-educadas, funcionários muito bem-vestidos, o que era algo muito bom. Ela conseguiu um emprego para mim na mesma área de confecções de uma cliente dela. Dessa vez, fui bem, mas com o mesmo defeito de produzir muito além da minha cota e achar que tinha tempo para conversar. Sempre fui faladeira, e eu não sabia que a irmã da gerente trabalhava ao meu lado, o que resultou na minha dispensa novamente. Consegui ficar nesse emprego por um período de dois anos.

"O trabalho dignifica o homem."
(Autor desconhecido)

Nesse meio-tempo, tínhamos um amigo da família que pintava e desenhava rostos artísticos. Eu era maravilhada com os seus desenhos e queria fazer a mesma coisa, queria ser uma desenhista. Pedi para ele me ensinar e aprendi alguns traços, mas eu só conseguia fazer aqueles rostos redondos, com dois olhinhos, um nariz em forma de bolinha e uma boca com dois traços, ou seja, minha vontade ficava apenas na minha cabeça, e não nas minhas mãos. Não tinha o dom para o desenho.

Já mocinho, Osmar começou a fazer um curso de desenho arquitetônico. Ele sempre foi muito inteligente, fez o curso e já começou a trabalhar como desenhista. Como sempre fui cuidada pelas minhas irmãs, fui ajudar minha irmã Lice. Ela cuidava de dois idosos e limpava o apartamento. Eu ajudava no que conseguia, tinha paciência com os idosos, que gostavam de mim, pois eu vivia fazendo graça para eles, fazia terapia do sono para ajudá-los a dormir, o que funcionava. Fiquei ajudando minha irmã por oito meses, enquanto ela me ajudava a pagar o mesmo curso de desenhista projetista.

Terminei o curso de desenhista arquitetônico, vi uma oportunidade de conquistar meu sonho de ser desenhista de pintura artística. Mesmo não tendo muito a ver, eu acreditava que poderia aprender a desenhar bem futuramente. Fiz o curso, e Osmar conseguiu um emprego para mim na mesma construtora em que ele trabalhava. Foi uma fase boa, pegávamos ônibus lotados, e eu e ele íamos na porta, com ele sempre me protegendo para não cair. Dávamos uns passos à frente, e logo estávamos completamente dentro do ônibus. Ríamos muito das coisas que víamos no ônibus, como uma mulher com roupa amarela e uma pulga andando nela. Ríamos muito mesmo; cada dia era uma novidade. Foi um período divertido.

Trabalhávamos na Construtora Sérgio Freire, na qual o arquiteto era muito renomado e me tratava muito bem, mesmo eu não sendo a melhor funcionária. Ele percebia que, para desenho, eu ainda estava crua, mas acabava me dando outros afazeres. Pedia para eu levar café, água, cozinhar ovo para ele, e nunca me chamou a atenção. Sempre me respeitou; ele era um ser humano incrível, sempre pronto a ensinar. Passado algum tempo, fui demitida novamente, mas fiquei três anos nessa construtora, um período de muito aprendizado em minha vida. Só tenho a agradecer ao Dr. Sérgio Freire.

Em 1984, foi a virada de chave. Minha irmã Olga conseguiu um emprego para mim no mesmo banco em que ela trabalhava. Eu era uma boa funcionária, entrei como atendente, fui promovida a caixa e, depois, para chefe de caixa. No entanto ocorreu uma greve bancária na época, da qual não participei. Fizeram um pente-fino e fui dispensada. Fiquei cinco anos no banco, período em que aprendi a ter um bom relacionamento com os clientes, o que sempre me ajudou no meu trabalho.

Namoro e casamento

Minha irmã Conceição trabalhava no supermercado Eldorado, em São Paulo. Ela era vendedora, e eu sempre ia encontrá-la para tomar café ou até mesmo uma cervejinha. Voltávamos juntas para casa. Ela tinha amizade com um rapaz chamado Edgar, e saímos juntos. Ele tinha um amigo chamado Clemente, que também trabalhava no supermercado. Sempre saímos os quatro para comer uns petiscos, e eu e o Clemente começamos a conversar como amigos. Depois de algum tempo, começamos a telefonar um para o outro, até que o impensável aconteceu: nos beijamos, mas nada de compromisso sério. Logo de cara, ficamos nove meses no chove e não molha. Ele sempre foi muito respeitador e paciente. Eu tinha horário para chegar em casa, que era no máximo às 22 horas; se passasse desse horário, encontraria a porta fechada, e as consequências viriam sem dó.

Começamos a namorar, e ele foi até meu pai para conhecê-lo e comunicar nosso relacionamento. Meu pai concordou, e nos encontrávamos duas vezes por semana e mais um dia no fim de semana. Nosso relacionamento era saudável, mesmo porque ele tem uma diferença de idade de 7 anos. Então, sempre foi muito cuidadoso comigo, e, conhecendo a minha criação, sabia que tínhamos que fazer a coisa certa. Seguimos dessa forma durante três anos. Depois, acabamos por ficar noivos e, em seguida, nos casamos. Meu pai faleceu em janeiro de 1986.

Em 1988, casei-me com o Clemente. Realizamos a cerimônia no civil e na igreja Nossa Senhora Aparecida, em Moema. Na igreja, entrei sozinha ao som da música *Yesterday*. Reunimos familiares e amigos, comemorando com um churrasco na casa do meu pai. Meu irmão Osmar presenteou-me com churrasco e bebida, e assim tivemos um momento de festa entre amigos. Algo singelo, mas que foi muito importante para comemorar esse momento tão especial.

Nossos planos eram construir uma família, ter filhos e netos, mas decidimos que precisávamos ter nossa casa e emprego para manter a família com a qual sonhávamos, o que na época ainda não era possível. Tivemos alguns altos e baixos no casamento, o que serviu para fortalecer nosso amor, nossa cumplicidade e nosso companheirismo.

Maringá, Cidade Canção

Saí do banco em 1989; mais uma vez, meu irmão Osmar conseguiu emprego para mim em outra construtora, e lá fiquei até março de 1990. Foi quando me mudei para Maringá, a Cidade Canção. Resolvemos nos mudar, pois não acreditávamos que havia mais nada para nós na grande cidade. Queríamos algo diferente e viemos em busca de novas oportunidades, além de desejarmos o sossego do interior.

EU E MEU ESPOSO, NA CASA DO MEU PAI, NO DIA DO NOSSO CASAMENTO, 1988.

Meu marido, que nasceu em Nova Esperança, perto de Maringá, veio primeiro, em janeiro de 1990, e foi morar com a irmã dele, Ana. Eu estava em São Paulo trabalhando e só consegui vir em abril, e morei um tempo com ela também.

Em maio do mesmo ano, consegui um emprego como desenhista na empresa Doré Engenharia. Posteriormente, compramos uma casinha com sala, cozinha e banheiro. Não tinha forro nem vidro nas janelas, apenas contrapiso. Localizada em um bairro afastado, a casa era simples, mas começamos a nossa vida em Maringá nessa casa.

Em agosto, meu marido também conseguiu trabalho na área administrativa em uma construtora. Com isso, nossa situação financeira começou a melhorar. O inverno daquele ano foi cruel, então lutamos para deixar a casa confortável para nossa moradia, aumentando-a e realizando diversas melhorias. Fizemos uma área de lazer com teto móvel, construído pelo meu próprio marido, o que me deixou muito orgulhosa. Assim, seguimos construindo e crescendo juntos. Fiquei três anos nessa empresa, e meu patrão foi um homem incrível, de uma bondade sem fim. Conheci outros engenheiros e tive colegas que colaboraram comigo, uma fase muito boa. Infelizmente, perdi o emprego devido à perda de clientes em potencial.

Com o passar do tempo, consegui trabalho em outra empresa como desenhista, e meu novo patrão era exigente. Ele disse que eu precisava fazer uma faculdade. Iniciei um cursinho, fiz vestibular, mas não passei. Meu patrão já havia alertado que, se eu não passasse, seria despedida. E foi o que aconteceu.

Retornei ao cursinho e logo consegui um emprego em um shopping atacadista, inicialmente como secretária. Nesse ínterim, meu marido também trocou de emprego e foi trabalhar em uma distribuidora de bebidas. Em pouco tempo, fui promovida a gerente, administrando todas as lojas e os funcionários. Tive muitas experiências maravilhosas com a equipe. Eu era mais ajudada do que ajudava; os funcionários da limpeza, o eletricista e o motorista eram sempre muito solícitos comigo. Adorei ser amiga deles, e, até poucos anos atrás, mantivemos nossa amizade.

FORMATURA DE ADMINISTRAÇÃO DE EMPRESAS, PELA UNIVERSIDADE ESTADUAL DE MARINGÁ (PR), 2001.

Universidade Estadual de Maringá

Depois de um ano de cursinho, prestei o vestibular e fui aprovada em Administração de Empresas na Universidade Estadual de Maringá, classificada entre as cinco melhores do Brasil em Desenvolvimento Sustentável da Agenda 2030 da ONU e 23ª na América Latina.

Durante meu trabalho no shopping, utilizávamos um sistema de rádio para todas as lojas, e alguns lojistas aguardavam o resultado comigo. Quando ouviram meu nome, já tinham ovo e trigo reservados para o fim da tarde. Foi uma festa, com muitos gritos de parabéns, e até me jogaram para cima. A sensação foi indescritível. Até hoje, se me perguntarem qual foi o dia mais feliz da minha vida, direi que foi esse dia, quando meu nome saiu na lista de aprovados na UEM.

O período da faculdade foi de muito aprendizado, dedicação e cansaço, pois trabalhava durante o dia e estudava à noite. Foram cinco anos de muita luta e empenho. Muitos amigos me guiaram durante essa trajetória, especialmente meu amigo José Carlos, sempre presente e prestativo em me ajudar com minhas dificuldades. Fazíamos trabalhos até as 3 da manhã, ele sempre digitando os trabalhos, elaborando as conclusões, e juntos formamos uma boa equipe. Também agradeço à amiga da faculdade Maria Efigênia, pelo companheirismo e incentivo durante esse processo. Fomos unidas pela universidade e continuamos amigas até hoje.

Meu grande amigo e empresário, Cleibson, com quem cresci tanto na universidade quanto no empreendedorismo, homem culto e de uma bondade sem fim. Infelizmente, perdi-o para a covid-19, e não poderia deixar de mencioná-lo ao descrever essa etapa da minha trajetória. Aprendi muito com ele. São amigos que levarei para sempre em meu coração, pessoas que sempre me estenderam as mãos quando precisei.

De secretária a empresária

No shopping atacadista onde trabalhava na época, a presidência e a diretoria eram trocadas a cada dois anos, e fui dispensada durante uma dessas transições. Estava no segundo ano da universidade, o que facilitou um pouco a busca por outro emprego. Foi então que minha amiga Rose, que estudava comigo e trabalhava em uma empresa de recrutamento de estagiários, me apresentou a uma vaga de estágio em uma *factoring*.

A *factoring*, ou fomento mercantil, é uma empresa que antecipa os recebíveis de outras empresas para gerar capital de giro e presta assessoria financeira, visando impulsionar o desenvolvimento de micro, pequenos e médios empreendedores. Fui contratada como secretária, mesmo sem compreender totalmente o que era *factoring* na época. Aceitei o desafio, passei pela entrevista e fui selecionada. A empresa, uma sociedade anônima, contava com presidente e diretores.

No início, eu não entendia completamente os desafios que me esperavam. Atuava na área administrativa, enviando documentos para a contabilidade. Com o tempo, compreendi o funcionamento da *factoring*, que envolvia análise de riscos, eficiência na cobrança, compreensão da concorrência e a importância do atendimento como diferencial. Meu gerente, uma pessoa incrivelmente humana, foi uma figura fundamental. Quando ele saiu, fui convidada a assumir o cargo, mesmo sem saber operar a calculadora HP. Foi difícil, pois o manual dela era extenso. Aprendi aos poucos sobre negociações, errando e acertando.

Apesar de cometer muitos erros e perder dinheiro devido à minha inexperiência, aprendi e, quando me convidaram para ser sócia, mesmo sem aporte financeiro, aceitei. Em outra *factoring*, a sócia Beth pagou um curso em São Paulo para mim, de agente de *factoring*. Após o curso, voltei mais preparada, começamos a investir em tecnologia, desenvolvendo um software de gestão para administração de contratos, clientes, faturas, pagamentos, controle da inadimplência e análise de riscos.

Assim, acertei mais do que errei, os negócios prosperaram, e passamos a oferecer consultoria dentro da nossa empresa. Entendi que gostava do que fazia, identifiquei-me. Embora tenha saído dessa sociedade devido à mudança de gestão, fui convidada para ser sócia novamente no mesmo ramo, e aceitei. Cresci com os clientes, enfrentando altos e baixos.

O que me surpreendeu nessa jornada e me manteve nesse mercado foram os elogios por atendimento, sorriso, honestidade e até mesmo firmeza. Muitos clientes me veem como um espelho, buscando orientação sobre o crescimento de suas empresas. Acredito que, se eles crescem, eu cresço junto. Assim, transformamos clientes em parceiros, facilitando processos, reduzindo burocracia e superando juntos os desafios diários.

Até recentemente, mantive clientes por muitos anos, alguns desde o início. Eles não são apenas clientes, são parceiros. Isso facilita a relação, diminui a burocracia e nos permite ajudá-los a superar desafios de fluxo de caixa. No entanto, a vida é repleta de altos e baixos. Houve momentos em que eles não precisavam mais de mim, mas eu precisava de ajuda, especialmente durante crises e dificuldades de crédito. Agradeço aos que estenderam as mãos quando precisei, como minha irmã Lice, meu amigo Max e meu sobrinho João André, emprestando-me dinheiro quando mais precisei. Isso não tem preço.

Gravidez e a vontade de construir uma família

Nesse ínterim, notei a dificuldade de engravidar, mesmo não me prevenindo; a gravidez não acontecia. Tomamos a decisão de fazer o tratamento para descobrir a causa, que durou cinco anos, um período de muita dor e desgaste emocional. Todo mês era uma expectativa de engravidar, e quando não, lá estava a menstruação dando o ar da graça. Fiz muitos exames, duas cirurgias (uma para retirada de mioma e outra para endometriose), meu marido fez vários espermogramas, e com ele estava tudo bem. Meus exames não detectavam nada que pudesse apontar as causas.

Fomos procurar a psicóloga Cristina, para ajudar não só no processo da gravidez, mas também no casamento, onde começaram a aparecer as crises de relacionamento. Ficamos bem em todos os sentidos, até que resolvi mudar de médico, para uma nova tentativa de ser mãe. Levei todos os exames para o novo médico, cujo nome nem lembro; ele não analisou os exames, só disse que o problema era com o espermograma e já passou os valores e a quantidade de vezes que eu precisaria fazer fertilização *in vitro*. Ele não questionou nada, a consulta não durou mais do que quinze minutos. Quase tive um piripaque devido ao valor apresentado, além da frieza com que me tratou e da falta de cuidado com meu emocional. Saí do consultório arrasada, não crendo mais no ser humano. Ele só pensou na parte financeira. Decidimos, naquele momento, parar com o tratamento, mas meu marido fez mais uma vez o espermograma para se certificar se os outros 5 estavam errados, mas não estavam; os exames deram normais.

Quando tomamos a decisão de não fazer mais o tratamento, eu ainda estava abalada e com a perspectiva de que eu engravidaria. Então, levou um tempo para eu desencanar e aceitar que não seria mãe, não constituiria uma família. Pensei, inclusive, em adotar, mas chegamos ao consenso de que não. Quando soube como funciona o processo, desanimei; fila grande e muita burocracia. Mas Deus sabe todas as coisas, eu creio.

Não temos problema algum referente a não ter filhos. Nossa vida é boa; viajamos sempre que podemos, nos divertimos e amamos nossos sobrinhos. Sempre que podemos, estamos com eles, e eles conosco. Nossa vida é preenchida pelas famílias que prezamos muito.

> "Ter uma família significa que você é parte de algo muito maravilhoso. Significa que você amará e será amado pelo resto de sua vida."
> (Autor desconhecido)

Sociedade com marido

Meu marido ficou um tempo desempregado; passamos uma fase complicada, mas vencemos. Logo ele conseguiu um trabalho numa companhia aérea, e a situação foi melhorando até que mudamos de casa para melhor. Em 2015, ele se tornou meu sócio e, de lá para cá, tivemos a oportunidade de conhecer e nos aprofundar em produtos inovadores de sustentabilidade, bem como conhecer o agronegócio.

É outro desafio ter o marido como sócio na empresa – mudança de comportamentos, como pensar e agir como empresário, sem misturar casamento com negócio. Eu, com 15 anos de experiência, sempre gostei da parte comercial. Eu fazia o administrativo, mas não era o meu forte. Ele já trabalhou na parte administrativa de algumas empresas e se identificou muito com o trabalho. Eu sou comunicativa, ele é reservado. Nosso trato era que a parte comercial seria comigo e a administrativa, com ele, e ninguém invadiria o trabalho do outro, mas nem sempre é assim.

Mas admito que conselho é muito bom. Às vezes, pensamos que a maneira que agimos é a melhor, porém nem sempre é verdade; humildade em saber ouvir também é a chave do sucesso. Felizmente, nossa sociedade deu certo, e agora estamos usufruindo do nosso negócio – que não foi nada fácil. Mais uma vez, superamos as dificuldades, e hoje estamos mais calejados, então tornou-se mais fácil lidar com os problemas.

Novos desafios

Sou praticante de esporte; frequento academia e participo de corridas amadoras de rua. O esporte me ajudou muito a ser persistente e disciplinada. Recentemente, concluí minha primeira maratona, o que me fez perceber o quanto somos capazes de nos superar. Mas por que estou abordando esse assunto? Para dizer que o novo, o desconhecido, pode assustar e exigir coragem para alcançar o objetivo proposto. Conheci o Luiz, que desenvolveu um programa de computador para mim e também é corredor de rua. Nós treinamos juntos, e, em uma dessas ocasiões, ele comentou sobre um produto inovador, sugerindo que eu o conhecesse e considerasse uma parceria.

Para diversificar os negócios, meu cunhado Israel nos convidou a entrar no agronegócio, mais especificamente na pecuária, uma atividade econômica baseada na criação de animais para a produção de alimentos e matérias-primas. Fizemos cursos, pois o agronegócio é uma empresa de grande porte e enfrenta muitos desafios, como a política governamental, a logística, as adaptações a novas tecnologias e a manutenção da nutrição animal durante a seca, quando as pastagens literalmente secam.

A parte administrativa faz toda a diferença no quesito de compra e venda, mas há um agravante imprevisível: o clima, que é o calcanhar de aquiles do agronegócio, e a mão de obra qualificada também é primordial. Israel é responsável pela criação e venda dos animais, uma mão de obra qualificada que nos permite confiar toda a responsabilidade a ele. Somos gratos por tudo que ele tem feito para nos ajudar.

Aprender com quem já empreende

Em 2002, tornei-me catequista na Catedral Basílica de Maringá, onde permaneci por dois anos catequizando crianças. Foi lá que conheci a Cidinha, que me convidou a participar do Rotary Parque Ingá para servir ao próximo. Durante dois anos, realizamos diversas ações comunitárias para colaborar com a comunidade.

No ano seguinte, em 2003, fui convidada pela Regina, que também era rotariana, a participar como conselheira do Conselho da Mulher Empresária de Maringá. Esse foi um marco significativo em minha carreira empresarial. Por meio dessa entidade, participei de muitos cursos, assisti a diversas palestras e tive a oportunidade de trabalhar ao lado de grandes empresárias. Cresci bastante, aprendi e continuo aprendendo até hoje. Acredito que se o objetivo é crescer como empreendedora, é crucial estar cercada pelas melhores, pois assim não há erro. É importante permitir-se errar e acertar sem condenações, além de rir das situações em que você errou.

No mundo corporativo, é assim que se cresce; nem sempre tudo são flores, e às vezes é preciso literalmente "queimar a cara" para obter bons resultados e se reconhecer como empreendedora. Essa é a melhor parte, pois nem sempre acreditamos em nosso potencial.

Vamos falar um pouco sobre empreendedorismo. Descrevi minha trajetória de uma maneira bem resumida. Se me perguntarem o que é empreender, digo que não sei. Nos dicionários e no Google, descrevem bem, mas para mim tudo foi acontecendo naturalmente, sem sonhos, sem saber o que realmente eu queria, sem saber aonde iria chegar. As coisas simplesmente aconteceram. O fato é que, com a convivência com outras empreendedoras, adquire-se experiência. A cada história que ouço, penso:

"Ai, que vontade de ter uma história parecida". Cada exemplo é tão fantástico que chega a arrepiar.

Quando compartilho um pouco da minha história, sempre ouço: "Você pode ser uma fonte inspiradora". Até acredito que sim, pois passei por maus bocados, fui humilhada e enfrentei muitos obstáculos na vida. No entanto, tudo isso serviu para me tornar persistente e lutadora. Não tive outra alternativa a não ser superar essas dificuldades, aprendendo a tirar proveito das piores situações. Todas essas experiências me tornaram forte e determinada, mas demorou muito para esse dia chegar.

Com tudo que vivi, só tenho a agradecer a Deus todos os dias. Ele é minha salvação, meu esteio, minha rocha. Em segundo lugar, agradecer a minha família, que é simplesmente o meu bem mais valioso. Tenho muito orgulho de todos, pois fizeram e fazem o melhor por mim. Em seguida, vem meu marido, uma pessoa centrada que sempre me apoiou e aceitou os desafios, dando sempre o melhor dele. Por fim, os clientes. Não importa o setor, colocar-se no lugar deles é fundamental. Quando você se coloca no lugar do cliente, consegue compreender a alma e as necessidades de cada um. A contrapartida vem quando ele também se coloca no seu lugar, resultando no encontro de necessidades. Eu preciso de você, e você de mim, então vamos nos unir para fazer o melhor para ambos.

Ninguém vence sozinho

Atualmente, vivemos no mundo virtual, mas mesmo assim é possível proporcionar a melhor experiência para o cliente. Ser educado e prestativo, reconhecendo a importância dele, é fundamental. Agradecer por sua visita à página, por exemplo, é uma maneira simples, mas eficaz, de mostrar apreço.

Com tudo que aconteceu na pandemia da covid-19, enfrentamos momentos difíceis na economia. No entanto estamos buscando novos horizontes. Embora ainda nada esteja definido, há uma vontade de empreender novamente. Tudo é muito dinâmico, e precisamos acompanhar para nos mantermos ativas no mundo corporativo. Acordar e ter objetivos nos torna pessoas melhores, com convicções e vontade de vencer a cada dia.

MOMENTO FOTOGRÁFICO PARA VALORIZAÇÃO PESSOAL, 2013.

Completei 60 anos, estou aposentada por tempo de serviço. Querem saber se tenho novos projetos? Novos sonhos? Tenho sim (*risos*). Com tudo que já vivi, me sinto uma vencedora, pois, nesse trajeto, tive muitas perdas. Muitas vezes, perdi meu amor-próprio, perdi minha confiança, perdi a fé no ser humano, exceto a fé em Deus. Era a partir daí que me levantava todas as vezes que caía na descrença. Com esse aprendizado, digo que a vida não é difícil de viver, e sim difícil de conviver, mas ela é gratificante quando você toma as rédeas, quando você é a protagonista da sua história.

Hoje tenho reconhecimento das pessoas que mais me ajudaram. Elas se sentem felizes por apostar em mim, viram que não desperdiçaram o tempo delas comigo. Sentem orgulho de si mesmas por terem tido *insights* de que valeria a pena investir em mim. Tenho comigo que, quando as pessoas mandam boas vibrações, essas emanam sobre você.

Todos temos uma força desconhecida dentro de nós, e quando somos chamados para a luta, ela desabrocha. Temos duas alternativas: ou fugimos dela, já nos sentindo derrotados, ou a encaramos e partimos para cima. Que vença o melhor e o mais forte e, se perdermos, pelo menos fomos lá encará-la de frente. Geralmente, vencemos não pelo que ganhamos, mas sim por enfrentar o desafio.

Gosto muito da pecuária e tenho interesse em continuar, porque é gratificante ter a cria e recria, ver o rebanho crescer e depois mandar ao cocho para engorda. Com o aprendizado que adquirimos nos cursos e com Israel, que vive do sítio, inovaremos para fazer confinamento, reduzindo a idade e o ciclo de abate, aumentando a produtividade para conseguir preços melhores.

Em meados de 2022, minha irmã Celina, mulher muito culta e com vontade de vencer, aos 68 anos, começou a trabalhar com mesa posta, jogos americanos, porta-guardanapo e guardanapos. Me apaixonei pelo trabalho dela, tudo muito lindo e de bom gosto. Fiz um curso de mesa posta, não para comercializar, mas sim para aprender a receber de maneira carinhosa e elegante minha família e meus amigos. Porque a mesa posta representa exatamente isso: "Você é especial para mim, por isso caprichei na mesa, com arranjos de flores naturais para te receber".

É isto que quero para minha velhice: viver bons momentos com pessoas especiais, viajar com meu marido, ser plena, mesmo porque a vida me proporcionou conquistar meu espaço, meu tempo; a rigidez da educação me ensinou a gastar só o que se ganha e, se possível, fazer uma reserva, e assim eu fiz. E hoje só preciso mentalizar e fazer valerem a pena os momentos bons que me restam.

> "Um leitor vive mil vidas antes de morrer.
> O homem que nunca lê vive apenas uma."
> (George R. R. Martin)

Em seguida, ela me convidou para participar do **AuroraS**, um grupo de mulheres empreendedoras que se encontram mensalmente para trocar conhecimento, fazer *networking*, aprender e, enfim, ajudar umas às outras. O grupo conta com mulheres de diversas atividades, como artesãs, advogadas, nutricionistas, mentoras, fisioterapeutas, corretoras de imóveis, doceiras, e por aí vai.

O grupo tem mulheres entre 18 e 70 anos e é marcado por jovialidade e dinamismo, com mentes abertas e sem cobranças, pois cada uma tem seu papel e sabe como fazer e dar o seu melhor. Cada encontro é um novo momento de aprendizado; muitas têm habilidades com as redes sociais, e a troca de conhecimentos é constante, seja por meio de curtidas, mensagens motivadoras ou explicações sobre alguma área específica. Em resumo, oportunidades de aprendizado não faltam. O grupo possui uma atmosfera que flui para o bem, promovendo apoio mútuo entre as participantes.

"Eu sou aquela mulher
a quem o tempo muito ensinou.
Ensinou a amar a vida
e não desistir da luta (...)"

Cora Coralina

FOTO ESPECIALMENTE PARA ESTE LIVRO, 2023.

Patrícia Antonio D'ornelas

Eu e minha irmã, Adriana, em frente a nossa casa, no Jardim Liberdade, em Maringá, 1986.

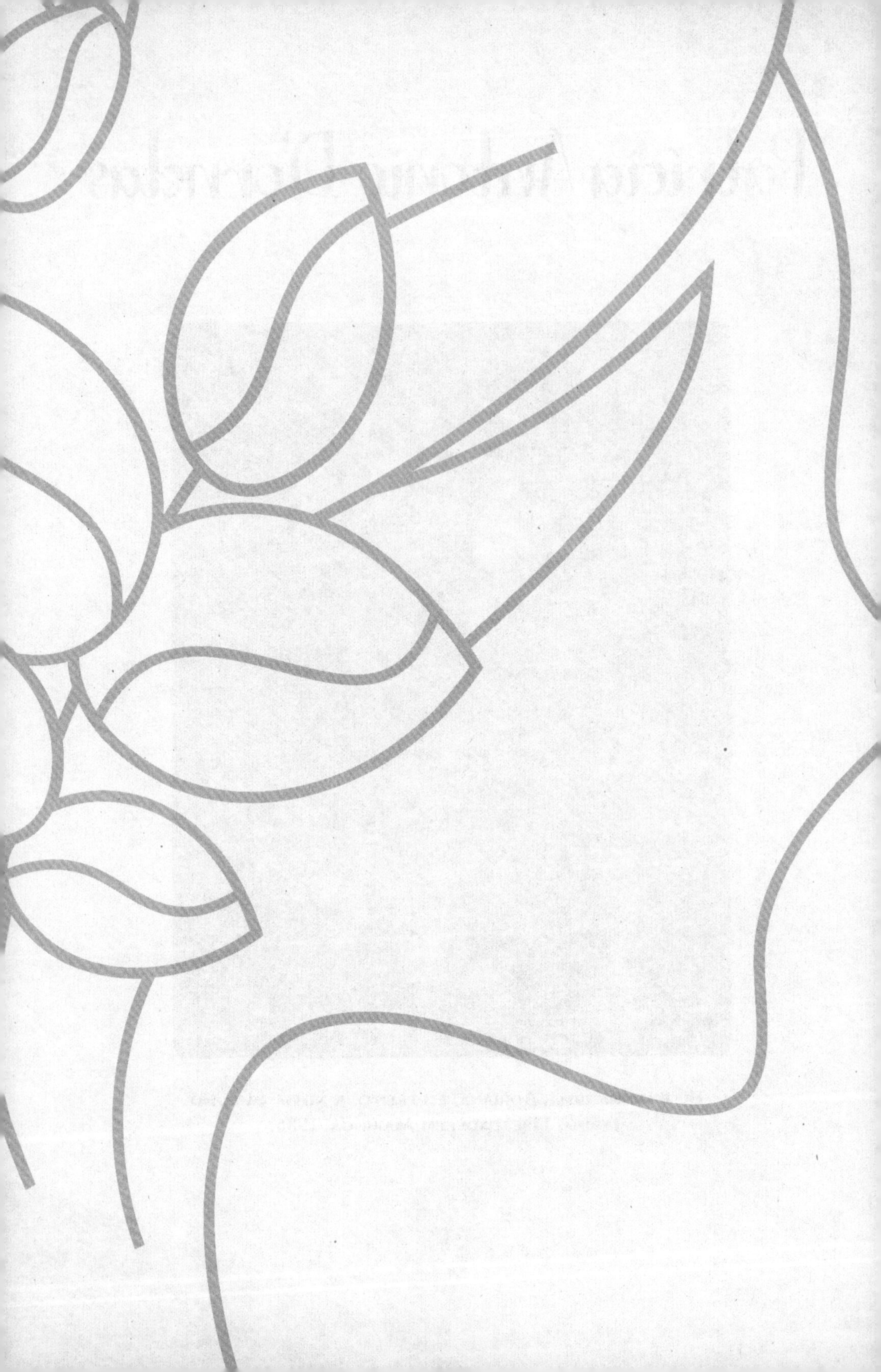

CARTA PARA A CRIANÇA
Patrícia

Oi, Patricinha, nessa foto você tem 2 anos e meio, e eu sou você, prestes a completar 39 anos. Ah, menina, você nem imagina os desafios que vai passar ao longo de sua vida... Você vai ter uma infância da qual não sentirá saudades quando for uma mulher adulta.

Você nunca teve atenção e amor dos seus pais, e isso piorou depois que seu irmão mais novo nasceu. Seu sonho de infância era ter uma festa de aniversário, mas nenhum bolo simples foi feito em casa para comemorar essa data. No dia do seu aniversário, sua avó paterna fará bolinho de chuva e você vai pedir para ela cantar parabéns. Aquilo não será a realização do seu sonho, mas será um momento aconchegante em seu coração.

Conforme os anos forem passando, você crescerá e terá que lidar com um tio pedófilo, mas Deus vai ser tão incrível em sua vida que nada de ruim vai lhe acontecer, só restarão medos e angústias de certas situações constrangedoras pelas quais você vai passar com esse abusador. Quando você estiver com 13 anos, vai começar a namorar o primo do seu cunhado, que é uma pessoa muito boa, e vai querer te tirar da casa dos seus pais, para que você possa sair do ambiente familiar onde sempre foi muito maltratada.

Após uma semana morando com ele, sua vida se transformará, tanto os dias quanto as noites, no puro pânico. Abusos psicológicos, agressões verbais e físicas. A única coisa boa desse relacionamento é que você terá um filho que será o amor da sua vida. Seu filho será lindo, e vai ser nele que você se apegará para se libertar do relacionamento abusivo.

Assim que você conseguir sair disso, sua vida vai começar a mudar: você vai retomar os estudos, começar a trabalhar e conhecer uma pessoa que te apoiará em tudo que você quiser fazer.

Seus pais terão demência, e você vai ser a pessoa que mais estará presente na vida deles; às vezes, você se sentirá impotente e não terá tanto discernimento para lidar com essa situação, mas, como sempre, vai tentar olhar a vida da melhor maneira possível, pois acreditará que tudo que acontece é para que aprenda algo para sua evolução.

Paty, você se tornará uma mulher forte, que estará sempre disposta a ajudar as pessoas. Vai se formar em Geografia, viajará para lugares onde jamais imaginou colocar seus pés, e essa será uma das paixões da sua vida. Você também vai se realizar profissionalmente, mas tudo com muita luta e perseverança. Aos 39 anos, você sentirá que sua vida estará só começando, que tem muitas coisas boas para aproveitar deste mundo tão incrível que Deus nos deixou. Viva sua vida da melhor maneira possível, pois os dias passam rápido, e o tempo não volta. Felicidades, menina. O mundo é tão incrível; vá desbravá-lo, minha querida!

Olá, queridos leitores! Meu nome é Patrícia Antonio D'ornelas, e vou contar um pouquinho da minha história de vida para vocês. Tenho 38 anos, 1,62 metro, 75 quilos, cabelos castanhos na altura dos ombros com a raiz uns 5 dedos natural e o restante louro. Estou em processo de transição porque quero deixar o cabelo um pouco mais natural, após ter feito um teste de coloração pessoal (que ganhei da minha amiga Ághata de presente de aniversário).

Nesse teste, foram realizados diversos métodos que identificaram as cores que mais combinam com a minha pele e comigo, sendo proposto que eu ficaria melhor com essa cor de cabelo (e realmente estou me sentindo com uma aparência melhor com os cabelos escuros). Sou solteira, tenho um filho de 22 anos (que já é casado há dois anos) e dois irmãos: Adriana, que é dois anos e meio mais velha que eu; e Jhonatan, que é sete anos mais novo.

Minha infância

Minha infância foi um pouco conturbada. Atualmente, não sinto saudades dessa fase devido às várias circunstâncias pelas quais passei. Uma das lembranças que guardo da minha infância é de ir ao bar com meu pai. Ele tinha o costume de ir todos os dias tomar cerveja com os amigos dele, quando estava na cidade. Enquanto eles conversavam e bebiam, eu comia doces e brincava. Eu adorava estar com ele todos os dias, e é importante destacar que ele nunca ficava embriagado. Meu pai era uma pessoa muito boa, embora fosse bastante ignorante. Ele acreditava que apenas o que ele pensava era correto, e esperava que seguíssemos sua linha de raciocínio.

Trabalhava como soldador, o que o levava a passar vários meses fora de casa a trabalho, "no trecho", como costumávamos falar.

Já a minha mãe era um pouco mais rigorosa do que meu pai. Quando ela se casou, tinha 16 anos e era muito nova e imatura. Morava no sítio e era encarregada de cuidar da casa, da roupa, da alimentação e dos irmãos mais novos, tendo que abandonar os estudos para ajudar nos afazeres domésticos. Meus avós eram muito rigorosos e não expressavam nenhum tipo de carinho ou amor para com os filhos.

Meu pai costumava nos contar que, após alguns meses de casados, minha mãe teve uma crise epiléptica. Ele ficou muito assustado com a situação e foi comentar com meus avós maternos o ocorrido. Na época, eles disseram que esse episódio já havia acontecido outras vezes, mas não o comunicaram e não explicaram o motivo pelo qual aquela situação se dava. Meu pai repetia sempre que se casou enganado; se soubesse que minha mãe era uma pessoa doente, não teria se relacionado com ela. Infelizmente, ela ficava calada ao ouvir essas palavras tristes e hostis dele.

As poucas recordações que tenho da época em que eu tinha cerca de 6 anos de idade são da construção da casa dos meus pais. Nesse período, enfrentávamos uma crise financeira, e nossa alimentação consistia principalmente em macarrão, tanto no almoço quanto no jantar.

Outra lembrança marcante foi quando fui diagnosticada com hepatite e precisei ser internada. Ao chegar comigo na porta do consultório, minha mãe foi recebida pelo médico de forma brusca, gritando: "Direto para o hospital!". Minha mãe, assustada, tentou explicar que precisava passar em casa primeiro para pegar algumas peças de roupa, mas o médico insistia: "A senhora não está entendendo, é agora e direto para o hospital, essa menina está morrendo".

Eu já percebia que algo não estava normal, pois me sentia fraca e sem vontade de brincar. Na época, eu ainda não havia iniciado os estudos na pré-escola. Recordo-me de vários dias internada, por conta da hepatite, uma doença que deixa as pessoas com a pele amarelada. Meu pai ia todos os dias ao hospital buscar minha mãe, para que ela pudesse ir em casa tomar banho, buscar roupas limpas e voltar para o hospital para ficar comigo. Enquanto ela estava fora, pedia aos acompanhantes das outras crianças que ficassem de olho em mim até ela retornar. Após essa fase, minha recuperação envolveu o consumo de doces, por recomendação médica, e eu adorei, é claro!

Outra recordação gravada em minha memória era de todos os fins de semana, meus pais jogando baralho com um amigo conhecido como Sr. Mané Rantim, futuro padrinho do meu irmão, que estava prestes a nascer. Nesses momentos, ouvíamos música gaúcha e sertanejo raiz. Contudo também ficaram marcados alguns episódios de meu pai agredindo minha mãe, o que não era algo fácil para uma criança.

Quando meu irmão estava prestes a nascer, lembro-me como se fosse hoje. Minha avó materna veio de Mato Grosso para Sarandi para ajudar minha mãe no pós-parto. Meu pai saiu com minha mãe de lambreta para irem ao hospital, e eu fiquei com uma pessoa estranha, pois não tínhamos contato algum. Minha avó Hilda, aos meus olhos, era uma mulher alta, com aproximadamente 1,75 metro, cabelos brancos e um rosto totalmente fechado, com o tom de voz alto e grosso.

Senti-me amedrontada e comecei a chorar por estar longe da minha mãe, com essa mulher desconhecida em casa. Foi então que ela me trancou dentro do banheiro. Triste e sem ter o que fazer lá dentro, desenrolei todo o rolo de papel higiênico. Quando minha avó abriu a porta e viu o banheiro, levei uma surra danada daquela mulher, que para mim era uma desconhecida. Para a minha sorte, minha irmã chegou, e aquela situação se amenizou.

Após alguns dias, minha mãe chegou com meu irmão em casa, e ele virou o centro das atenções, por dois motivos: pelo fato de ele ser apenas um bebê e porque meus pais tinham muita vontade de ter um filho homem. Eles diziam que queriam ter um "machão", e era assim que o chamavam.

Fomos crescendo e convivendo com a família do meu pai, que morava na cidade de Sarandi, na divisa com Maringá, no estado do Paraná. Minha avó paterna era uma pessoa muito boa para todos os filhos e netos, sempre presente na medida do possível.

Como meu pai trabalhava viajando, às vezes minha mãe deixava minha avó responsável por cuidar da minha irmã, do meu irmão e de mim para que ela pudesse ir até onde meu pai estava e passar um tempo com ele. Minha avó paterna, Elizia, tinha um filho chamado Augusto, que era alcoólatra e morava com ela, conhecido pelo apelido de Gusto. Ele a acompanhava aonde ela ia, consequentemente também ia para nossa casa no período em que minha mãe estava fora.

Minha avó Elizia não tinha um dia de paz por conta do meu tio Gusto, pois ele bebia e arrumava brigas em todos os lugares. Com medo de que alguém pudesse fazer mal a ele durante suas confusões nos bares e pelas ruas, minha avó se mudava frequentemente, fazendo isso inúmeras vezes ao longo do ano. Ela chegou a se mudar até quatro vezes no mês.

Quando eles iam passar um período comigo e com meus irmãos, a casa se transformava em um caos, meu tio chegava em casa embriagado, tentava passar a mão nas partes íntimas da minha irmã, em minhas primas e em mim. Também ficava mostrando suas partes íntimas e falando: "Vem aqui com o tio, pega aqui, é gostoso". Como minha irmã era dois anos e meio mais velha que eu, ela tinha mais malícia e sempre me deixava com as orelhas em pé quanto a essa situação. Quando anoitecia, minha irmã falava: "Vamos dormir no quarto dos nossos pais, pois é o único lugar da casa que tem chave para trancarmos a porta". E assim fazíamos. Durante a noite, ouvíamos o trinco mexer várias vezes. Ficávamos a noite toda aterrorizadas, sem poder ir ao banheiro e beber água por medo. No dia seguinte, íamos para a escola dormindo em pé. Minha irmã ainda conseguia render, eu era só ladeira abaixo. Quando chegava meu boletim, minha mãe sempre me comparava com minha irmã, dizia que eu tinha que ser como ela, tirar notas boas como as dela, e isso só me deixava cada vez mais para baixo e sem ânimo para seguir estudando.

O tempo foi passando, minha irmã começou a namorar meu cunhado, Marcos, com quem está casada até hoje. Entre namoro e casamento já se passaram vinte e oito anos. Eu tinha 10 anos na época, meu cunhado saia com minha irmã e me levava com eles, andávamos os três na moto.

Naquela época, as leis de trânsito não eram rigorosas como hoje, e eu aproveitava. Era a fase em que comíamos cachorro-quente, sorvete e passeávamos. Tudo o que não fazíamos com meus pais. Quando chegamos em casa certa noite, minha mãe, muito ignorante, veio nos falar: "Estavam no motel?". Despejava palavras de baixo calão em cima de nós, ficávamos decepcionadas, éramos bem inocentes na época, nem sabíamos o que era um motel e sua funcionalidade.

Conforme o namoro da minha irmã fluía, fomos conhecendo a família do meu cunhado. Foi então que conheci um primo dele, Mairon, um rapaz bonito, com 1,80 metro, cabelos pretos, olhos cor de mel, com porte de homem forte e meio gordinho. Ele queria namorar comigo, começou a me dar atenção, viramos amigos e começamos a namorar. Eu tinha 13 anos na época, e ele 17, me tratava muito bem, me levava para sair, dava presentes. Naquela época, era a pessoa que pedi a Deus, pois em casa as coisas não eram nada fáceis. A mãe dele era uma pessoa muito legal comigo, mas um pouco descontrolada em alguns quesitos, como na superproteção com os filhos.

Quatro meses depois que eu comecei a namorar, minha irmã se casou. Meu pai, como era muito ignorante, não queria o casamento, por ela ser muito nova e pelo Marcos, a pessoa que ela escolheu para se casar, não ser filho de nenhum amigo dele. No início, ele deu bastante trabalho com relação ao casamento, mas depois acabou aceitando.

Após o casamento da minha irmã e ela sair de casa, meus pais começaram a me tratar pior do que já me tratavam, pois para eles era Deus no céu e meu irmão na Terra. Mesmo eu sendo alguém que ajudava nos afazeres domésticos e que aprendera a cozinhar desde cedo com minha avó paterna, isso não adiantava para eles, e a vida em casa estava se tornando insustentável. Foi então que Mairon, meu namorado na época e hoje pai do meu filho, me convidou para morar com ele na casa da mãe e do padrasto, pois ele presenciava a maneira como eu era tratada. O interessante é que a mãe dele havia feito o convite antes mesmo dele.

Minha adolescência

Foi um belo dia quando decidi sair da casa dos meus pais. Coloquei roupas e calçados em três sacolas (era tudo que eu tinha) e fui embora, com 14 anos. Chorei por uma semana, sentindo um peso na consciência por ter ido embora. Meus pais comentaram com minha irmã e meu cunhado que eu não havia dormido em casa, que achavam que eu tinha ido embora, e uma semana depois apareceram na casa do meu namorado. Conversaram por cinco minutos e foram embora, como se nada tivesse acontecido, o que só aumentava minha frustração.

Mal sabia eu que o pesadelo em minha vida iria começar uma semana depois de ter saído da casa dos meus pais. Meu namorado, que havia virado marido, começou a me maltratar por conta do ciúme doentio que ele sentia. Eu só podia sair na rua com ele, com o cabelo amarrado (na época eu tinha orelha de abano; isso era bem traumático para mim, mas mesmo assim eu não podia soltar os cabelos). Começou a me agredir física e psicologicamente, e essa situação só foi piorando com o decorrer do tempo. Ele tinha ciúmes dos primos, do padrasto, dos tios e, às vezes, até da mãe. Minha vida foi virando uma tortura; conforme o tempo ia passando, ele só ia piorando, e as agressões aumentando, mas eu não via minha vida sem ele. Eu era totalmente cega de amor; por mais que ele me maltratasse, me machucasse, não conseguia sair daquele ciclo de violência.

Descobri aos 15 anos que estava grávida. Durante o período da gestação, ele não me agredia fisicamente; aconteciam somente as torturas psicológicas. Na época, trabalhava em casa montando estopas, aquelas que os postos de combustíveis utilizam. A única coisa que consegui comprar para meu filho com meu dinheiro foi um prendedor de chupeta azul, todo trançado. Ele era lindo! Fiz um curso de dois dias; minha irmã e eu íamos a uma fábrica para aprender a montar.

A fábrica levava os tecidos em casa e depois passava recolhendo. Não me recordo do valor na época; só sei que o dinheiro que ganhei conseguiu dar entrada na minha carteira de identidade e comprar o prendedor de chupeta. Eu não queria entrar no hospital com minha certidão de nascimento e consegui, com muita luta, o valor para fazer meu documento de identidade. Enquanto passavam os meses de gestação, ganhei todo o enxoval para meu filho, tudo usado, mas em perfeito estado, e ganhei da minha irmã algumas peças novas de roupinhas.

Quando eu estava grávida, morria de medo de minha bolsa estourar e eu ter meu filho de parto normal, mas graças a Deus isso não aconteceu. Chegou o grande momento de eu ter meu filho; em 5 de dezembro de 2000, o dia estava lindo. Fui para o hospital às 6h da manhã, quando fui internada, e enquanto aguardava ser chamada para ir para o centro cirúrgico, fiquei jogando *minigame*; eu amava jogar naquela época.

Eu era uma adolescente que tinha completado 16 anos no fim de outubro e ganhei meu filho no início de dezembro. Durante o parto, o médico que estava fazendo a cirurgia me falou: "Ano que vem você estará aqui novamente"; perguntei o motivo, e ele disse que seria para ter outro filho. Pensei comigo mesma: "Não estarei não, esse vai ser o único". E realmente foi. Meu filho veio ao mundo às 17h20, por meio de uma cesariana, pesando 3,250 quilos. Foi o momento mais emocionante da minha vida.

Assim que saí do centro cirúrgico, as enfermeiras me levaram para o quarto e disseram para que eu aproveitasse para descansar, pois apenas após quatro horas meu filho viria para o quarto ficar comigo. Fiquei nesse quarto sozinha. Por mais que a cesariana fosse paga, não dava direito a ter acompanhante, pois estava internada pelo Sistema Único de Saúde (SUS). O quarto onde eu estava tinha mais duas camas, mas sem ninguém, fiquei ali meio sonolenta. Uma mulher que estava acompanhando o pai no hospital ia às vezes me ver, conversar comigo, dava-me um pouco de água e saía para ficar com o pai.

Quatro horas depois, trouxeram o amor da minha vida para meus braços. Ele era bem branco, olhos azuis, cabelos lisos e pretos. Desde o momento que chegou no quarto, ficamos ali, nós dois. Eu ainda estava sob o efeito da anestesia, então o peguei no bercinho que estava ao meu lado, coloquei na cama comigo, troquei-o várias vezes e o amamentei, tudo isso sem poder me mexer direito, mas deu tudo certo. A noite longa se estendia vagarosamente naquele hospital. A mulher que, às vezes, ia no meu quarto começou a gritar que o pai dela havia falecido. Fiquei com muita pena dela e não a vi mais, pois a conduziram para outro lugar. Durante a madrugada, um homem com demência andava pelo corredor do meu quarto, gritava e desmaiava, quando acordava começava tudo novamente. Eu fiquei em pânico, com medo de aquele homem entrar no meu quarto e eu sem conseguir reagir. Foi uma noite inesquecível, mas eu estava ali, toda emocionada, com meu neném lindo.

EU E MEU FILHO, MAIRON LORENZO, 2023.

O nome dele foi escolhido quando eu estava gestante (próximo dos 9 meses), o mesmo nome do pai dele, Mairon Lorenzo, afinal, eu não poderia falar outro nome, senão ia sofrer as consequências, pelo ciúme doentio que ele sentia. Na época, essa foi a melhor decisão que poderia ter tomado, mas atualmente meu filho não gosta do nome que tem.

Os anos foram passando, eu ainda não tinha idade para trabalhar, pois era menor, ficava cuidando da casa e do meu filho. Quando fiz 18 anos, minha irmã me arrumou um emprego como auxiliar de produção em uma empresa que confeccionava biquínis. Minha irmã trabalhava lá, e a empresa era boa, tinha creche para as mães deixarem as crianças. Fiquei lá por três meses e meio, até o pai do meu filho entrar no estacionamento dando "cavalo de pau" com o carro; como consequência disso, fui mandada embora. Mais uma vez, eu dependia dele para tudo e nunca podia comprar nada, pois ele também não tinha uma condição financeira boa. A mãe dele sempre o ajudava, e ele se acomodava com isso.

Após anos juntos, fomos morar sozinhos. Foi quando descobri que meu esposo fumava maconha. A família dele sabia, mas não me contaram nada na época, pois acharam que, depois que ele me conheceu, havia melhorado seu comportamento. O tempo foi passando, e ele foi piorando cada vez mais. Juntava o temperamento difícil, a maconha e o álcool, cada dia se afundando mais e o ciúme aumentando.

Quando saía, trancava meu filho e eu dentro de casa, ficava com os amigos dele bebendo e fumando no quintal durante a noite toda, me acordava de madrugada para eu fazer comida para ele, pois o que tinha jantado já não era mais o suficiente. Eu sempre conversava com a mãe dele sobre aquela situação insustentável, e foi então que ela resolveu que seria melhor irmos morar em uma chácara que ela tinha na Estância Zauna.

Naquela época, aquele era um lugar bem simples. Nós nos mudamos, as amizades acabaram, mas em compensação o ciúme dele aumentou. Por mais que estivéssemos somente nós três naquela chácara, ele alucinava, dizia que enquanto ele dormia eu saía com os guardas que faziam ronda no condomínio. Ele não conseguia dormir por conta da abstinência, e os meses que passamos por lá, deixo em algum lugar dentro de mim que não gosto de relembrar, pois foram os piores da minha vida.

Minha sogra, na época, achou que ele estava bem para voltar a morar na cidade, e lá fomos nós. Voltamos para a cidade, mas como sempre ele voltou para a vida que tinha antes. Mais amizades ruins, noitadas, álcool e drogas. De volta à vida urbana, arrumei um emprego de auxiliar de costura, fiquei quatro meses nesse emprego, mas, como eu chegava toda roxa para trabalhar, devido às agressões, tanto no corpo como no rosto, fui novamente desligada da empresa, pois os patrões tinham medo de que algo acontecesse comigo. Quando as pessoas me perguntavam o que havia acontecido, eu sempre inventava uma desculpa, falava que tinha caído, batido o rosto na quina do guarda-roupas, na porta dos armários, no tanque, sempre dava uma desculpa, mas ninguém acreditava.

Resolvi colocar fim a tanto sofrimento, tanto para mim quanto para meu filho, que entrava no meio das brigas, pedindo para o pai parar de bater na mãe. Contudo nós nos separávamos e acabávamos voltando. Isso aconteceu por algumas vezes devido à dependência financeira e emocional. Certo dia, peguei meu filho e fomos embora para Campo Grande, para a casa de um casal de primos do meu ex-marido. Graças a eles, que me deram suporte até que passasse a sua fúria e ele nos deixasse em paz, foi isso que aconteceu. Fiquei 33 dias em Campo Grande. Quando eu voltei para Maringá, o pai do meu filho nunca mais nos perturbou. Foi então que voltei a ter vida, voltei a andar com a cabeça erguida, a retomar as rédeas da minha existência.

Após a separação

O primeiro passo foi retomar os estudos, pois, quando abandonei a escola, estava na 5ª série. Fiz minha matrícula no Centro Estadual de Educação Básica para Jovens e Adultos (CEEBJA) e muitas vezes deixava meu filho com a tia paterna ou o levava comigo para a escola. Concluí o ensino fundamental e tinha uma longa jornada pela frente, que era iniciar o ensino médio.

O Sindicato dos Metalúrgicos de Maringá divulgou que estavam com uma promoção para quem quisesse terminar os estudos em seis meses e, se houvesse algum profissional associado na família, o desconto seria maior. Como na época meu pai era soldador, pensei que seria uma excelente oportunidade para concluir os estudos. Na semana seguinte, estava matriculada, e meu pai começou pagando os estudos.

No mês seguinte, comecei a trabalhar e segui pagando até concluir o curso. Foi um alívio muito grande ter o ensino médio concluído. Nessa época, comecei a trabalhar em uma pequena floricultura. Minha patroa era muito boa e serena para conversar, o nome dela era Sylvia, e eu ficava sozinha na loja. Não tinha muito movimento, e ela resolveu parar de trabalhar com decorações de casamento, pois o esposo a acompanhava quando ia decorar, e ele era perfeccionista. Por isso, ela resolveu manter a floricultura somente vendendo flores plantadas e de corte. Lá aprendi a montar arranjos, naturais e artificiais, e a fazer buquês de flores.

Assim que entrei na floricultura, comecei a namorar o Sidnei. Ele tem 1,98 metro, cabelos louros-escuros, barba ruiva, meio gordinho e 16 anos mais velho que eu. Após um ano de namoro, fomos morar juntos, ele com dois filhos, e eu com o meu. A princípio, os filhos dele não moravam conosco, mas depois de certo tempo vieram. O Sidnei trabalhava durante a semana com os preparativos dos eventos que organizava nos fins de semana. Era uma vida bem corrida e complicada, pois nem todo evento dava gente suficiente, mas era isso que ele tinha no momento.

Eu trabalhava a semana toda na floricultura e ajudava nos fins de semana. As festas geralmente aconteciam nas noites de sexta-feira, sábado e domingo na parte da tarde. Chegávamos em casa bem tarde, por volta da meia-noite, e no outro dia seguíamos trabalhando normalmente. Era bem cansativo, mas nos organizávamos, e tudo sempre dava certo. Morávamos em um apartamento de 55 metros quadrados, com cinco pessoas. Sidnei e eu dividíamos as tarefas do lar para ninguém ficar sobrecarregado, e assim seguíamos com nossas vidas.

Após dois anos e sete meses trabalhando na floricultura, Sylvia me perguntou se eu tinha interesse em comprá-la, pois ela havia adquirido um pequeno hotel e estava focando esse novo empreendimento. Na época, eu não senti vontade de empreender, então ela me fez uma oferta para trabalhar no hotel, mas teria que trabalhar aos fins de semana e feriados, com uma folga por semana. Agradeci a oportunidade, mas disse que não era interessante para mim, pois não conseguiria auxiliar o Sidnei nos eventos. Com o término do contrato de trabalho, decidi que descansaria por dois meses em casa e depois sairia à procura de um novo emprego.

Nessa fase de descanso, recebi uma ligação. Era a dona de uma loja que vendia tecidos e acessórios para cortinas, vizinha da floricultura, convidando-me para fazer uma entrevista de emprego, pois estavam precisando de vendedora. Combinei dia e horário com ela e perguntei quem havia passado meu contato, pois eu não tinha deixado currículo. Isolda – minha futura patroa – disse-me que Sylvia tinha passado na loja para comprar uns acessórios para as cortinas do hotel e perguntou se ela estava precisando de alguém para trabalhar, pois eu estava desempregada naquele momento e era uma excelente funcionária. Graças à indicação dela, comecei a trabalhar como vendedora.

No início, foi bem difícil, pois não bastava atender os clientes que entravam no local; também tínhamos que montar orçamentos, e o tempo investido em cada venda era grande. No entanto, com o tempo, fui pegando o jeito, e tudo fluiu perfeitamente. Isolda era uma patroa maravilhosa, e viramos amigas. Sempre saímos juntas, as vendedoras da loja também. Até hoje, seguimos amigas, e às vezes nos encontramos para tomar um café, almoçar ou tomar uma cerveja. Trabalhei nesse local por três anos até que resolvi empreender; pedi demissão para abrir um restaurante em sociedade com meu cunhado Marcos, o esposo da minha irmã.

Montamos o restaurante na cidade de Sarandi; ficou lindinho, mas trabalhávamos muito. Entrávamos às 7h da manhã, sem horário para sair, mesmo tendo três funcionárias; também colocávamos a mão na massa. Assim que os trabalhos acabavam, tínhamos que ir ao supermercado fazer as compras de mercadorias fresquinhas; isso tomava bastante tempo. O restaurante tinha um movimento excelente, e o período de atendimento era somente no almoço.

Nessa mesma época, comecei a fazer um curso de comissária de voo. Esse curso era a realização de um sonho. Eu desejava trabalhar viajando. O curso tinha duração de quatro meses, com aulas de segunda a sexta, das 19h30 às 22h30. Eu estava toda animada, pois tínhamos que frequentar as aulas vestidas como comissárias de bordo, cabelos sempre arrumados, unhas bem feitas, maquiadas (era uma elegância incrível). Os meninos de terno e gravata, cabelos e barbas sempre bem cuidados.

Devido à correria, e muito tempo investido no restaurante, meu cunhado e eu optamos por vendê-lo. Foi aí que pensei em descansar por uns dois meses e depois ir atrás de um emprego registrado. Enquanto isso, eu iria focar meu tempo no curso e em ajudar o Sidnei nos eventos dos fins de semana. Fiz isso. Assim, finalizei o curso de comissária. Lá, fiz amizades maravilhosas que levo para a vida, mas optei por não trabalhar no ramo, pois meu filho ainda precisava dos meus cuidados.

A loja de tecidos em que eu havia trabalhado fechou, e minha antiga patroa vendeu o estoque para dois homens que eram sócios: Sinivaldo e Valdir, que já tinham uma lojinha pequena e queriam expandir. Eles fizeram uma proposta de trabalho para três vendedoras que trabalhavam para a Isolda: Andréia, Marcilene e Iedda. Elas aceitaram e começaram a trabalhar com eles no mesmo segmento, só que com uma quantidade maior de produtos.

Certo dia, recebi uma mensagem da Iedda, perguntando se eu estava trabalhando, pois a Marcilene havia se desligado da empresa, e eles estavam precisando de uma vendedora com experiência no ramo. Marquei uma reunião com os patrões e, na semana seguinte, comecei a trabalhar na América Tecidos, que era uma empresa familiar.

Um ano após começar a trabalhar, iniciei a faculdade de Design de Interiores, um curso presencial. No primeiro semestre, conheci uma pessoa maravilhosa chamada Ághata. Tornamo-nos amigas, e ela me convidou para dançar com ela e várias amigas em seu casamento. Ensaiamos a coreografia ensinada pela professora de dança e arrasamos na festa.

A uma semana das férias do primeiro semestre, a secretaria da faculdade entrou em contato comigo solicitando que agendássemos um horário para conversar. No dia seguinte, durante o intervalo da aula, fui até a secretaria para descobrir o motivo, pois não quiseram adiantar nada por telefone. Ao chegar, procurei a pessoa responsável pela conversa, e foi então que recebi uma notícia que abalou o meu mundo. Fui informada de que teria que interromper meus estudos, pois meu certificado do ensino médio era falsificado.

Eu fiquei horrorizada com a situação, disse que não era, pois havia finalizado os estudos pelo Sindicato dos Metalúrgicos, que no outro dia eu já ia atrás deles para saber o que tinha acontecido, mas a partir daquele momento minha matrícula foi cancelada.

Minha amiga Ághata, no dia seguinte, me ajudou a fazer uma solicitação escrita a próprio punho, solicitando à universidade que não cancelasse minha matrícula, pois eu precisava desse tempo para correr atrás do meu certificado correto. No dia seguinte, fui até o Sindicato dos Metalúrgicos de Maringá, para saber o que havia acontecido. A secretária que me atendeu foi extremamente rude e afirmou que não eram responsáveis pelos certificados, pois a empresa que eles divulgaram apenas havia alugado algumas de suas salas para ministrar as aulas.

A secretaria da universidade permitiu que eu assistisse às aulas por mais uma semana. No entanto, após esse prazo, se eu não conseguisse reverter a situação com o sindicato dos metalúrgicos, minha matrícula seria cancelada. Nesse momento, percebi que tudo estava perdido, pois não obtive nenhuma declaração que comprovasse a conclusão dos estudos, exceto aquela fornecida pela instituição que encaminhei durante minha matrícula na universidade. Apesar de ficar arrasada e sem expectativas, decidi não permitir que a decepção tomasse conta da situação. Na semana seguinte, dirigi-me ao CEEBJA de Sarandi e efetuei minha matrícula para reiniciar os estudos.

O início foi um choque de realidade, mas, com o tempo, fui me adaptando. Ao longo do processo, fiz diversas amizades com mulheres da minha idade e algumas mais velhas. Durante esse período, conheci a Madalena, uma pessoa de bom coração que enfrentava uma crise no casamento e tinha dificuldades para realizar as atividades solicitadas pelos professores. Foi aí que comecei a ajudar, e nos tornamos bastante próximas.

Faltava cerca de quatro meses para finalizar os estudos quando decidi me separar do Sidnei, não pela nossa convivência como casal, mas pelos filhos que estavam ficando adolescentes. Ao sair para trabalhar e retornar ao apartamento, encontrava tudo fora do lugar. Toda semana, vários amigos dormiam em casa, passavam a noite jogando, e o ambiente pequeno tornava impossível dormir devido ao barulho. Levantava pela manhã para fazer café, e a pia estava repleta de louça suja deixada durante a noite.

Diante dessa situação fora de controle, decidi voltar a morar com meus pais, finalizando o ensino médio já convivendo com eles.

Em 2017, resolvi prestar vestibular para o curso de Geografia na Universidade Estadual de Maringá, buscando experimentar como era ingressar em uma instituição tão renomada. Sinceramente, não me sentia capaz de passar, especialmente em uma universidade pública. Escolhi o curso de Geografia devido ao meu amor por viagens, pela oportunidade de conhecer novos lugares e aprofundar meu conhecimento geográfico sobre eles. Na loja onde trabalhava, conheci Natanael, um rapaz que estudava na mesma universidade. Ele me perguntou se já tinha conferido o resultado do vestibular. Inicialmente relutei, mas acabei verificando e descobri que estava aprovada! Fiquei feliz com o resultado e comecei a reunir a documentação necessária para efetuar a matrícula, pois o ano letivo iniciaria em 2018.

No fim de 2017, tirei férias para fazer uma viagem à Europa e visitar uma amiga. Nunca havia saído do país. Explorei algumas cidades da Espanha em uma experiência surreal que só aumentava meu amor por viagens. Foram vinte dias fora do Brasil. Confesso que, à medida que se aproximava o momento de retornar, uma tristeza se instalou, pois havia me encantado com a Europa, a sensação de liberdade, a cultura e os lugares incríveis que conheci. No entanto precisava retornar, pois meu pai estava enfrentando o Alzheimer, e minha mãe ficava cada dia mais doente devido a tumores cerebrais e epilepsia.

O ano letivo começou, trazendo consigo minhas inseguranças. Assisti às duas primeiras semanas de aula, mas fiquei ausente da universidade por vinte dias devido a uma cirurgia no joelho direito, necessária pelo rompimento do ligamento cruzado posterior durante uma luta de muaythai. Abri uma solicitação no sistema da universidade para que os professores enviassem material, permitindo-me acompanhar o conteúdo das aulas em casa.

Das cinco disciplinas que cursava naquele semestre, apenas um professor disponibilizou material, tornando a experiência mais desafiadora do que eu imaginava. Embora tenha considerado desistir várias vezes, a força para continuar veio de alguns colegas recém-saídos do ensino médio, que ingressaram na universidade e estavam tão perdidos quanto eu. Com esse apoio, continuei estudando. O primeiro ano foi bastante complicado, mas com o tempo fui me adaptando. Os anos se passaram, adquiri conhecimento e tive a oportunidade de conhecer lugares incríveis que jamais imaginava visitar. Participamos de trabalhos de campo, aplicando na prática o que aprendíamos em sala de aula. A Congeo, empresa júnior de Geografia, promovia diversas viagens acessíveis para os alunos. Exploramos cavernas, picos, cidades históricas, cânions, vales e outros locais que somente a Geografia poderia proporcionar.

Entre os estudos e o trabalho, decidi comprar um apartamento buscando um lugar mais tranquilo para morar. No entanto, ao receber o imóvel da empresa responsável, percebi que não tinha renda suficiente para residir nele e continuar auxiliando nos cuidados com meus pais. Diante dessa situação, tomei a decisão dolorosa de alugar o apartamento para obter uma renda que pudesse contribuir para pagar os custos. Essa escolha representou abrir mão do sonho de morar naquele local que tanto idealizava, com minhas características e a privacidade almejada. Dediquei-me, então, às responsabilidades com meus pais.

Com o passar do tempo, meus pais foram ficando cada vez mais debilitados, e minha irmã e eu revezávamos nos cuidados. Eu morando com eles, e minha irmã nos fundos da casa, tornava-se mais fácil ajudá-los. Ela assumia os cuidados das 17h30 até as 23h30, quando eu chegava da universidade, e eu assumia a responsabilidade até o dia seguinte, às 7h30, horário em que a cuidadora que contratamos começava a trabalhar.

As férias do trabalho já não eram mais destinadas a viajar ou descansar, mas sim a acompanhá-los em cirurgias. Eu sempre pensava em uma maneira de prestar mais assistência a eles e, ao mesmo tempo, encontrar tempo para descansar e curtir a vida.

Diante dessa situação, tomei uma decisão que mudaria radicalmente minha vida naquele momento. Decidi pedir as contas do emprego em que trabalhava havia sete anos e começar a trabalhar por conta própria, vendendo cortinas, persianas e papéis de parede. Essa escolha me proporcionaria mais flexibilidade de tempo para auxiliar nos cuidados com meus pais.

Após me desligar do emprego, decidi tirar dois meses para descansar, pois me sentia sobrecarregada. No primeiro mês trabalhando por conta própria, estava na fase de estabelecer contato com fornecedores, prestadores de serviço, entre outros. Foi nesse momento que começaram a chegar as notícias sobre a pandemia de covid-19.

As aulas foram canceladas, o comércio fechou, e meu mundo virou de cabeça para baixo. Tendo apenas dois meses de seguro-desemprego pela frente, e diante do caos instaurado, percebi o desafio que se apresentava. Como era nova no ramo, não tinha clientes e não era conhecida. Dessa forma, passei dois anos vendendo uma ou outra peça por mês e, em outros meses, não vendendo nada. No início da pandemia, comecei a vender pães.

A avó do meu filho faz pães caseiros para vender e, então, comecei a pegar alguns para revender e, assim, ter um pouco de dinheiro para me auxiliar naquele período. Meu filho e eu anunciamos os pães em nossas redes sociais e grupos de vendas do Facebook e conseguimos vender por encomenda. As entregas eram feitas de moto; naquela época eu tinha uma Honda Biz branca e era com ela que eu conseguia ir até a casa da avó do meu filho, pegar os pães e sair com as entregas dos clientes.

Um ano após o início da pandemia, meu filho decidiu se casar, pois morar na casa dos meus pais estava cada dia mais complicado. Devido à demência do meu pai, tive que tirar minha mãe do quarto em que dormiam juntos e colocá-la no quarto do meu filho, pois meu pai começou a agredi-la durante a noite. Realizei uma reorganização nos quartos, remanejando meu espaço para que meu filho pudesse dividir comigo, mas ele optou por dormir na sala. Dado o cenário agitado nas noites em casa, em função dos cuidados com meus pais, meu filho considerou melhor se casar e seguir sua própria vida.

No início, essa mudança foi muito dolorosa para mim, e chorei por vários dias. A dor da ausência, da solidão, dos desafios e obstáculos me deixava insegura. Após o casamento, não contava mais com a ajuda do meu filho para cuidar dos meus pais, e as tarefas se tornaram ainda mais complicadas do que já estavam.

Nos momentos em que estava em casa, não conseguia focar totalmente o estudo remoto nem descansar, pois meus pais se levantavam várias vezes durante a noite. Isso resultava em dias seguintes sonolentos, sem energia para concluir meus afazeres. Diante dessa situação, minha amiga Ághata, ao perceber meu estado, me convidou para morar com ela e seu filho Matteo, de 2 anos, em um apartamento pequeno.

Inicialmente, relutei em aceitar, sentindo que tinha a obrigação de permanecer na mesma casa que meus pais. No entanto, cheguei ao ponto de perceber que meu estado psicológico estava completamente abalado, e meu corpo pedia socorro. Decidi aceitar o convite, com a condição de modificar a divisão dos cuidados que havia entre mim e minha irmã. Chegamos a um consenso de que cada uma cuidaria durante toda a semana após a saída da cuidadora, e nos fins de semana a responsabilidade seria alternada. Nosso irmão não ajudava nos cuidados, alegando que não conseguia ver os pais naquela situação, então éramos só nós duas nessa jornada.

Minha vida começou a passar por transformações significativas. A primeira semana fora de casa foi terrível; chorei nos três primeiros dias, sentindo-me desumana por buscar descanso e focar os meus objetivos. Felizmente, esse sentimento foi se dissipando ao longo dos meses.

Durante as semanas em que estava na escala para cuidar dos meus pais, principalmente à noite de segunda a sexta, e em alguns dias pela manhã, eu participava das aulas da universidade por meio do Google Meet. Aproveitando o tempo ocioso em casa, comecei a cursar matérias extracurriculares para ter mais disponibilidade ao fim do curso e me dedicar à conclusão. Muitas vezes, assisti a aulas e fiz provas em meio ao caos doméstico, com o som da televisão ligada, meu pai tentando pegar o notebook, pois aquilo o fascinava, e minha mãe querendo conversar, sem compreender que eu estava estudando.

Ao iniciar uma matéria nova, eu entrava em contato com os professores, explicava minha situação, e, para minha sorte, sempre compreendiam. Não se importavam quando eu precisava apresentar seminários com a câmera ligada e meu pai atrás de mim, tentando interagir. Às vezes, era um pouco constrangedor; em outras, tornava-se engraçado, diante

O DIA DA MINHA FORMATURA, JULHO DE 2022.

das circunstâncias peculiares que se desenrolavam. Assim, eu seguia estudando da melhor forma possível dentro daquele contexto.

O curso estava inicialmente programado para ser concluído em quatro anos, mas, devido a greves e à pandemia, acabou se estendendo para quatro anos e meio. Durante o curso, os alunos decidiram que, em vez de realizar uma formatura tradicional, fariam uma viagem de conclusão para algum lugar histórico. Assim, foi organizada uma viagem para a Bolívia e o Peru. No entanto, dentre os 25 alunos, apenas João Pedro e eu embarcamos nessa aventura inesquecível.

A nossa jornada começou em 26 de julho e se estendeu até 9 de agosto de 2022, percorrendo um roteiro entre Bolívia e Peru, subindo montanhas com paisagens de tirar o fôlego. Durante essa viagem, consegui realizar três sonhos. O primeiro foi conhecer o Salar de Uyuni, o maior deserto de sal do mundo. O segundo foi fazer o trajeto de trem panorâmico, partindo de Ollantaytambo até Águas Calientes. E, por fim, o terceiro foi realizar o sonho de conhecer Machu Picchu. A sensação que tive foi a de estar dentro de um filme, dada a perfeição das paisagens. Vivenciei momentos que jamais imaginei experimentar. Tudo foi surreal, desafiador e incrivelmente belo. Enfrentamos desafios, especialmente relacionados à alimentação e à altitude, mas faria tudo novamente para reviver os momentos extraordinários desses quinze dias de viagem.

EM MACHU PICCHU, 2022.

Assim que cheguei ao Brasil, retornei aos meus compromissos de trabalho e aos projetos sociais dos quais participo. Um deles é o Sopão 180 graus, no qual, toda quarta-feira, colaboro na cozinha, preparando e montando marmitas para pessoas em situação de rua. Quando as marmitas estão prontas, uma equipe realiza as entregas. Nesse projeto, sempre que disponho de um tempo livre, contribuo também na entrega de cestas básicas para famílias carentes, uma iniciativa muito significativa.

Outro projeto social no qual estou envolvida é o "Doando Amor". De segunda a sexta-feira, uma equipe visita o centro de oncologia do Hospital Santa Rita, na cidade de Maringá. Nesse contexto, oferecemos café da manhã de maneira solidária às pessoas em tratamento e aos seus acompanhantes. Minha participação ocorre todas as terças-feiras; as próprias voluntárias são responsáveis por doar, preparar e entregar café, leite, chocolate quente, chá, bolo e pão, proporcionando conforto às pessoas. Muitos pacientes se deslocam de diversas cidades nas redondezas de Maringá, chegando aqui de madrugada para garantir seu tratamento. Às vezes, eles compartilham suas histórias, necessitando de algumas palavras de conforto. Estar presente para auxiliar nessa parte é algo extremamente gratificante.

Sou uma pessoa que gosta de estar sempre em movimento, participando de vários eventos que me fazem sentir útil e bem ao mesmo tempo. Durante um jantar específico em que estava presente, tomei conhecimento do grupo **AuroraS**, até então uma reunião de mulheres dedicadas ao *networking*. Interessei-me e, no dia seguinte, entrei em contato para saber como poderia me juntar a esse grupo. Conversei com a responsável pelo grupo em parceria com a Maria Eugênia. Ela me forneceu informações sobre o próximo encontro, que ocorreria no Country Club da cidade de Maringá, e decidi participar. Ao chegar, fui calorosamente recebida por todas as presentes. A decoração do ambiente, encantadora desde a entrada, e o jantar, sensacional, contribuíram para que eu me sentisse acolhida. A partir desse encontro, passei a integrar o grupo.

Embora a intenção inicial fosse focada no *networking*, o grupo evoluiu, e hoje não o enxergo apenas dessa maneira. Para mim, tornou-se uma troca de experiências, amizade, companheirismo e apoio mútuo, visando ao crescimento profissional e intelectual de todas as participantes. Foi dessa conexão valiosa que surgiu a excelente ideia de Maria Eugênia de escrevermos este livro, com seu apoio como mentora. Estamos aqui, encarando o desafio de compartilhar um pouco de nossa história com vocês. Não é fácil remexer no passado para relatar alguns acontecimentos, mas é também libertador poder compartilhar um pouco da minha história de vida.

Sinto-me atualmente na melhor fase da minha vida. Apesar dos desafios enfrentados no cuidado com meus pais, mesmo diante de eventos desafiadores no dia a dia, estou vivendo da melhor maneira possível. Há vinte anos, meu único sonho era ter uma máquina de lavar tanquinho, sem perspectivas de vida. Hoje, busco constantemente conhecimento e invisto em minha empresa, participando de feiras de decoração pelo Brasil para me manter atualizada no meu ramo de trabalho.

EM SINTRA, PORTUGAL, 2023.

Recentemente, retornei da Europa, onde passei férias e explorei a arquitetura e a decoração em voga. Sempre que possível, empreendo viagens, pois é isso que me alimenta nos dias difíceis.

Eu nunca tive o sonho de escrever um livro, pois nunca achei que minha história pudesse agregar algo a alguém. Agora, porém, percebo que talvez ela possa inspirar alguém que esteja passando pela mesma situação que eu passei ou que estou passando. Ao redigir este capítulo do livro, uma sementinha nasceu dentro de mim, despertando o desejo de escrever sobre minhas experiências nas viagens que realizei dentro e fora do Brasil. Quem sabe, daqui a algum tempo, estarei mais uma vez buscando novos desafios e compartilhando com vocês essas aventuras incríveis que vivi. Dessa forma, me despeço com um "até breve, caros leitores". Espero que possamos nos reencontrar em um próximo livro.

Setembro, 2021.

MENSAGEM FINAL

Desde muito pequena, eu escutava minha avó contar suas histórias de vida, as de seus familiares, dos lugares por onde passou, dos romances e dramas do cotidiano. Cresci ouvindo essas narrativas e me tornei uma contadora de histórias. Com elas, não só aprendi muito como também tive enredo para construir a minha própria vida.

Muitas dessas histórias maravilhosas estão escondidas, guardadas a sete chaves, algumas vezes porque o enredo não é nada bonito, outras vezes porque não há ninguém para ouvi-las.

Acredito que, todos os dias, escrevemos páginas do nosso livro da vida, e cada pessoa ao nosso redor faz parte dessa construção. Somos fruto do meio que nos cerca, somos escritores de nossas próprias histórias. E cada história de vida vale ser ouvida.

Quando criei o grupo de mulheres **AuroraS**, pude, aos poucos, conhecer novas histórias. Fui sendo tocada por cada mulher que passou por mim. Atrás de um sorriso havia relatos de dor, de lágrimas, também outros de muitas alegrias e de muita sabedoria. Cada mulher traz dentro de si uma luz, uma chama que, muitas vezes, foi apagada por outra pessoa, e até por ela mesma.

Este livro tem a intenção de iluminar o caminho de outras tantas mulheres que passaram ou passam por situações parecidas com as descritas aqui. Queremos estender nossas mãos para elas, que precisam de um *start*, um clique, para desabrochar.

Se uma mulher se inspirar com nossas histórias, nossa missão já terá sido alcançada.

Juntas somos mais fortes. Somos invencíveis!

Maria Eugênia Peres

COLABORADORAS

Ana Paula Gallello Machado da Silva

Fisioterapeuta, formada em 2007 pela Universidade Cidade de São Paulo (Unicid). Especialista em Saúde Pública pela Universidade Federal de São Paulo (Unifesp). Instrutora de Pilates desde agosto de 2020. Proprietária da Gallello Pilates.

Bruna Camila Gonçalves

Mentora profissional de negócios digitais. Especialista em estratégias e processos de vendas.

Cristina Martins

Nutricionista pela Universidade Federal do Paraná (UFPR); doutora em Ciências Médicas, nefrologista pela Universidade Federal do Rio Grande do Sul (UFRGS); mestre em Nutrição Clínica pela New York University (NYU), EUA; dietista-nutricionista registrada pela Academy of Nutrition and Dietetics (AND), EUA; certificada em Gastronomia e Nutrição pela AND; especialista em Nutrição Renal pela AND; clínica certificada em Suporte Nutricional pela American Society of Parenteral and Enteral

Nutrition (ASPEN), EUA; especialista em Suporte Nutricional Enteral e Parenteral pela Sociedade Brasileira de Nutrição Parenteral e Enteral (SBNPE); especialista em Nutrição Clínica pela UFPR; especialista em Alimentação e Nutrição pela UFPR; presidente do Instituto Cristina Martins de Educação em Saúde; representante da AND e da Associação Brasileira de Nutrição (ASBRAN) para a padronização internacional do Processo de Cuidado em Nutrição no Brasil.

Grazziela Borba

Advogada formada em Direito pela Universidade Estadual de Maringá (UEM). Graduanda em Terapias Integrativas e Complementares pela Unicesumar.

Herminia Vasconcelos

Atua como corretora de imóveis. É voluntária nas ONGs @bemditavestidos e @roupeirosantaritadecassia. Possui um ateliê de costura em que recicla calças jeans usadas e as transforma em bolsas multiuso.

Maria Eugênia Peres

Idealizadora e líder do grupo AuroraS. Graduada em Administração de Empresas pela Universidade Estadual de Maringá (UEM), com MBA em Recursos Humanos. Graduada em Design de Interiores e estudante do curso de Letras Português/Inglês. Artesã, artista plástica, escritora, poeta, ceramista, fotógrafa e leitora voraz.

Odilia da Silva Dossi

Formada em Administração de Empresas pela Universidade Estadual de Maringá (UEM). Atua como empresária na área financeira. Cursou agronegócio e finanças.

Patrícia Antonio D'ornelas

Formada em Comissária de Voo pela Escola de Aviação Civil Voe Maringá. Graduada em Geografia pela Universidade Estadual de Maringá (UEM). Cursando Design de Interiores na Unicesumar.

grupo novo século

Compartilhando propósitos e conectando pessoas
Visite nosso site e fique por dentro dos nossos lançamentos:
www.gruponovoseculo.com.br

‹ns

- facebook/novoseculoeditora
- @novoseculoeditora
- @NovoSeculo
- novo século editora

gruponovoseculo.com.br

Edição: 1ª
Fonte: Lora